चन्द्रशेखर आज़ाद भारतीय क्रांतिकारी आन्दोलन की एक निरुपम विभूति हैं। भारत की स्वतंत्रता के लिए उनका अनन्य देश-प्रेम, अदम्य साहस, प्रशंसनीय चरित्रबल आदि इस राष्ट्र के स्वतंत्रता-प्रहरियों को एक शाश्वत आदर्श प्रेरणा देते रहेंगे। एक अति निर्धन परिवार में जन्म लेकर भी उन्होंने राष्ट्र-प्रेम का जो आदर्श प्रस्तुत किया है, वह प्रशंसनीय ही नहीं, स्तुत्य भी है। आज़ाद वस्तुतः देश-प्रेम, त्याग, आत्मबलिदान आदि सद्गुणों के प्रतीक हैं।

भारत के महान अमर क्रांतिकारी

चन्द्रशेखर आज़ाद

मीना अग्रवाल

डायमंड बुक्स

प्रकाशक : डायमंड पॉकेट बुक्स (प्रा.) लि.
X-30 ओखला इंडस्ट्रियल एरिया, फेज-II
नई दिल्ली-110020
फोन : 011-40712200
ई-मेल : sales@dpb.in
वेबसाइट : www.diamondbook.in

मुद्रक :

Bharat Ke Amar Krantikari Chandra Shekhar Azad

By : Meena Agarwal

दो शब्द

भारत की स्वतंत्रता-प्राप्ति तथा इस राष्ट्र के निर्माण में क्रांतिकारियों का योगदान अन्य आन्दोलनों की तुलना में किसी प्रकार कम नहीं रहा है। वास्तविकता तो यह है कि भारतीय स्वतंत्रता आन्दोलन का इतिहास 1857 की क्रांति से ही प्रारम्भ होता है, किन्तु खेद का विषय है कि हमारे इतिहास-लेखकों ने क्रांतिकारियों के इस योगदान का उचित मूल्यांकन नहीं किया है।

चन्द्रशेखर आज़ाद भारतीय क्रांतिकारी आन्दोलन की एक निरुपम विभूति हैं। भारत की स्वतंत्रता के लिए उनका अनन्य देश-प्रेम, अदम्य साहस, प्रशंसनीय चरित्रबल आदि इस राष्ट्र के स्वतंत्रता-प्रहरियों को एक शाश्वत आदर्श प्रेरणा देते रहेंगे। एक अति निर्धन परिवार में जन्म लेकर भी उन्होंने राष्ट्र-प्रेम का जो आदर्श प्रस्तुत किया है, वह प्रशंसनीय ही नहीं, स्तुत्य भी है। आज़ाद वस्तुतः देश-प्रेम, त्याग, आत्मबलिदान आदि सद्‌गुणों के प्रतीक हैं।

भारत के महापुरुषों में आत्मप्रशंसा से दूर रहने की परम्परा रही है। इसलिए आज़ाद भी अपने विषय में अपने साथियों तक को कभी कुछ नहीं बताते थे। एक बार भगतसिंह द्वारा उनके घर-परिवार आदि के विषय में पूछे जाने पर उन्होंने कहा था- “दल का संबंध मुझसे है, मेरे घरवालों से नहीं। मैं नहीं चाहता कि मेरी जीवनी लिखी जाए।” इसके साथ ही क्रांतिकारियों के आन्दोलन गुप्त आन्दोलन थे। अतः अन्य आंदोलनों के समान इसका निर्विवाद इतिहास मिलना असम्भव-सा लगता है। यही कारण है कि आज़ाद के जीवन की घटनाओं का विभिन्न पुस्तकों में भिन्न-भिन्न प्रकार से वर्णन उपलब्ध होता है।

इस पुस्तक में आज़ाद के जीवन की सभी घटनाओं के विषय में उपलब्ध सामग्री को क्रमबद्ध रूप में पिरोने की अल्प चेष्टा की गई है। जिन घटनाओं विद्वानों में विवाद है, उनका उल्लेख यथास्थान कर दिया गया है। यह प्रयास कितना सफल रहा, इसका निर्णय तो सुधी पाठक ही करेंगे।

यह पुस्तक वीरश्रेष्ठ आज़ाद के जीवन की ऐतिहासिक घटनाओं का संकलन मात्र है, अतः इसके विषय में मौलिकता का दावा करना केवल वंचना ही कही जाएगी। इसके लेखन में श्री मन्मथनाथ गुप्त, यशपाल, वैशम्पायन, श्री वीरेन्द्र, व्यथित हृदय, यशपाल शर्मा, शिव वर्मा, सीता रमैया आदि विद्वान लेखकों की पुस्तकों से सहायता ली गई है, अतः इन सबके प्रति मैं अपनी कृतज्ञता व्यक्त करता हूं।

-लेखक

अनुक्रमणिका

प्रथम अध्याय

प्रारम्भिक जीवन

इस राष्ट्र के निर्माण में, इसकी स्वतन्त्रता के लिए न जाने कितने वीरों ने अपने प्राणों का बलिदान किया, उनमें से अनेक वीरों के नाम भी ज्ञात नहीं हैं। जिन क्रान्तिकारी वीरों के नाम ज्ञात भी हैं, उन्हें भी आज हम भूल जैसे गए हैं; उनके नाम केवल इतिहास की पुस्तकों तक ही सीमित रह गए हैं। भारतीय स्वतन्त्रता का इतिहास सन् 1857 की क्रान्ति से ही प्रारम्भ होता है। यद्यपि स्वतंत्रता के इस पहले संग्राम को अंग्रेजों ने असफल कर दिया था, फिर भी दासता की जंजीरों में बँधे भारतीयों को इससे जो प्रेरणा मिली, उसी प्रेरणा ने उन्हें स्वतन्त्रता के लिए लगातार प्रयत्न करने की शिक्षा दी। भारतीय राष्ट्रीय की स्थापना के बाद भले ही इस दल ने स्वतन्त्रता-प्राप्ति के लिए अहिंसक आधार पर स्वतन्त्रता की लड़ाई लड़ी, आज सारा श्रेय कांग्रेस को ही दिया जाता है। किन्तु कांग्रेस के साथ ही भारत के क्रान्तिकारी सपूतों ने भी अंग्रेजों के विरुद्ध समानान्तर रूप में युद्ध किया। अंग्रेज सरकार के लिए ये क्रान्तिकारी एक चुनौती बन गए थे। हिंसा के माध्यम से विदेशों शासकों को देश से निकाल बाहर करना और मातृभूमि को स्वतन्त्र कराना ही इनका लक्ष्य था।

भयंकर विपत्तियों का सामना करते हुए, सभी सुख-सुविधाओं को त्यागकर, अपने प्राणों की परवाह न करके भारतीय वीर क्रान्तिकारी अपने पावन कार्य को आगे बढ़ाते रहे। इन्हीं वीरों में एक नाम वीर शिरोमणि अमर शहीद चन्द्रशेखर आज़ाद का भी है, जिन्होंने मातृभूमि की स्वतन्त्रता के लिए अपना जीवन ही बलिदान कर दिया। यहाँ इसी वीर का जीवन-चरित्र प्रस्तुत किया जा रहा है।

आज़ाद की वंश-परम्परा एवं उनका मूल स्थान

चन्द्रशेखर आज़ाद के पूर्वजों के मूल स्थान आज़ाद के निवास-स्थान आदि के विषय में अनेक भ्रान्तियाँ हैं। आज़ाद के पितामह मूलरूप से कानपुर के निवासी थे, जो बाद में गाँव बदरका, जिला उन्नाव में बस गए थे। इसीलिए आज़ाद के पिता पंडित सीताराम तिवारी का बचपन यहीं व्यतीत हुआ और यहीं उनकी युवावस्था का प्रारम्भिक काल भी बीता। पंडित सीताराम तिवारी के तीन विवाह हुए। उनकी पहली पत्नी जिला उन्नाव के ही मौरावा की थीं। अपनी इस पत्नी से उनका एक पुत्र भी हुआ था, जो अकाल मृत्यु को प्राप्त हो गया था। पंडित तिवारी का अपनी इस पत्नी के साथ अधिक दिनों तक निर्वाह न हो सका, अतः उन्होंने इसे छोड़ दिया जो अपने शेष जीवन में मायके में ही रहीं। इसके बाद उन्होंने दूसरा विवाह किया। उनकी दूसरी पत्नी उन्नाव के ही सिकन्दरापुर गाँव की थीं। उनकी द्वितीय पत्नी भी उनके जीवन में अधिक दिनों तक न रह सकी; वह शीघ्र ही दिवंगत हो गईं। इसके बाद उन्होंने तीसरा विवाह जगरानी देवी से किया। जगरानी देवी गाँव चन्द्रमन खेड़ा, उन्नाव की थीं। बदरका, उन्नाव में ही तिवारी दम्पति को एक पुत्ररत्न की प्राप्ति हुई इस पुत्र का नाम उन्होंने सुखदेव रखा।

आज़ाद का जन्म एवं बाल्यकाल

इस पुत्र के जन्म के बाद पंडित सीताराम आजीविका की खोज में मध्य भारत की एक रियासत अलीराजपुर चले गए। बाद में उन्होंने अपनी पत्नी जगरानी देवी तथा पुत्र सुखदेव को भी वहीं बुला लिया। अलीराजपुर के गाँव भाभरा को उन्होंने अपना निवास-स्थान बनाया। यहीं सुखदेव के जन्म के 5-6 वर्ष बाद सन् 1905 में जगरानी देवी ने एक और पुत्र को जन्म दिया। यही बालक आगे चलकर चन्द्रशेखर आज़ाद के नाम से विख्यात हुआ। इस नवजात बालक को देखकर बालक के माता-पिता को बड़ी निराशा हुई, क्योंकि बालक अत्यन्त कमजोर था तथा जन्म के समय उसका भार भी सामान्य बच्चों से बहुत कम था। इससे पूर्व तिवारी दम्पति की कुछ सन्तानें मृत्यु को प्राप्त हो गई थीं। अतः माँ-बाप इस शिशु के स्वास्थ्य से अति चिन्तित रहते थे। बालक दुर्बल होने पर भी बड़ा सुन्दर था; उसका मुख चन्द्रमा के समान गोल था।

सीताराम तिवारी की आर्थिक स्थिति अच्छी नहीं थी। पहले उन्होंने वन विभाग में एक मामूली-सी नौकरी की। यह काम करते समय एक बार कुछ आदिवासियों ने उन्हें मार-पीटकर उनके रुपये-पैसे, कपड़े जो कुछ भी पास था, सब छीन लिया। अतः उन्होंने यह नौकरी छोड़ दी। इसके बाद उन्होंने गाय-भैंसें पालीं और उनका दूध बेचकर परिवार का निर्वाह करने लगे। सन् 1912 के भयंकर सूखे से उनके बहुत-से पशु मर गए, अतः उन्हें यह व्यवसाय भी छोड़ना पड़ा। इसके बाद उन्होंने एक सरकारी बाग में नौकरी की। उनकी आर्थिक स्थिति सदा ही दयनीय बनी रही, किंतु फिर भी उन्होंने ईमानदारी का दामन कभी नहीं छोड़ा। इस बाग की कभी कोई छोटी-से-छोटी वस्तु भी वह अपने घर नहीं लाए। श्री विश्वनाथ वैशम्पायन ने अपनी पुस्तक 'चन्द्रशेखर आज़ाद' में इस विषय में पंडित सीताराम तिवारी का निम्न कथन उद्धृत किया है–

"सरकारी बाग की नौकरी में हमने कोई बेईमानी नहीं की। इस बाग से कभी आम तो क्या एक भाँटा (बैगन) भी हमने तहसीलदार तक को मुफ्त में नहीं भेजा। फिर घरवालों को तो मैंने कभी छूने तक नहीं दिया। अगर ये (आज़ाद की माता की ओर संकेत कर) कभी कोई फल-फूल ले जातीं, तो मैं इनका सिर काट देता। हमने कभी बेईमानी से एक पैसा भी नहीं कमाया और पराया धन हराम समझा।"

निर्धनता के कारण पंडित सीताराम तिवारी आज़ाद के लिए दूध आदि उचित आहार का प्रबन्ध भी नहीं कर सकते थे। उस क्षेत्र में एक विश्वास प्रचलित है कि लोग अपने बच्चों को बाघ का मांस खिलाते हैं, ताकि बच्चा स्वस्थ, बलवान तथा वीर बने। इसीलिए आज़ाद को भी बाघ का मांस खिलाया गया। सम्भवतः यह मांस सुखाकर खिलाया जाता है, जिसे लोग अपने पास रखते हैं। इसके बाद अपने पूरे जीवन में चन्द्रशेखर आज़ाद एक शाकाहारी व्यक्ति थे। यद्यपि वह शिकार करने के शौकीन थे, तथापि वह मांस नहीं खाते थे। हाँ, बाद में भगतसिंह के प्रभाव में आकर वे अण्डा खाने लगे थे।

दुबला-पतला बालक चन्द्रशेखर आज़ाद धीरे-धीरे चन्द्रमा की कलाओं के समान बढ़ने लगा। उसका शरीर स्वस्थ एवं हृष्ट-पुष्ट हो गया। इससे माता-पिता में एक नई आशा जगी। एक नये हर्ष का संचार हुआ।

चन्द्रशेखर अपने बाल्यकाल से ही हठी स्वभाव के थे। हठ के साथ ही निर्भीकता एवं साहस भी उनके स्वभाव के अनन्य गुण थे। उनके मन में जो बात आ जाती थी, उन्हें वह करके छोड़ते थे। इस सम्बन्ध में उनके बचपन की एक घटना का वर्णन विभिन्न पुस्तकों में किया गया है। एक बार वह दीपावली के अवसर पर रोशनी वाली दियासलाई से खेल रहे थे। तभी बालक चन्द्रशेखर के मन में यकायक सारी तीलियों को एक साथ जलाने से कितनी अधिक रोशनी होगी। उन्होंने अपने मन की यह बात साथियों को बताई। साथी भी इसका परिणाम जानने के लिए बड़े उत्सुक हुए, परन्तु सारी तीलियां एक साथ जलाने का साहस किसी भी साथी में नहीं हुआ; सभी को इतनी तीलियों के एक साथ जलाने पर हाथ जलने का डर था। बस फिर क्या था, चन्द्रशेखर आगे आ गए। उन्होंने स्वयं इस काम को करना स्वीकार किया। सारी तीलियाँ एक साथ जला डालीं। तमाशा तो हुआ, किन्तु उनका हाथ भी जल गया। आज़ाद को इसकी कोई परवाह नहीं थी। जब साथियों ने बताया कि उनका हाथ जल गया, तभी उनका ध्यान इस ओर गया। साथियों ने दवा लगाने के लिए कहा, किंतु आज़ाद का कहना था कि जल गया है, तो अपने आप ठीक हो जाएगा। साथी बच्चों को इससे बड़ी हैरानी हुई। वे आज़ाद का मुँह ताकते रह गए। इस प्रकार के साहसिक कार्य बचपन से ही उनका स्वभाव था, जो सम्भवतः उनके भावी जीवन का पूर्व संकेत था।

भाई-बहन

आज़ाद से पूर्व उनकी मां के चार पुत्र हुए थे। जिनमें से सुखदेव ही जीवित रहे, शेष तीन आज़ाद के जन्म से पूर्व ही मृत्यु को प्राप्त हो गए थे। जब आज़ाद बनारस में विद्यार्थी थे, उस समय उनके बड़े भाई सुखदेव अपने गाँव के पास ही कहीं पोस्टमैन बन गए थे। इस पद पर उन्होंने पद से त्यागपत्र दे दिया। चिकित्सा की गई, किन्तु कोई परिणाम न निकला तथा सन् 1925 में उनकी मृत्यु हो गई। इसके बाद वह अपने माता-पिता की अकेली सन्तान के रूप में शेष रह गए। सम्भवतः उनकी कोई सगी बहन नहीं थी। भाई की मृत्यु के समय आज़ाद लापता थे।

शिक्षा-दीक्षा

घोर गरीबी के कारण पंडित सीताराम तिवारी अपने पुत्रों को शिक्षा आरम्भ देने में समर्थ नहीं थे। गाँव के ही पाठशाला में उनकी शिक्षा आरम्भ हुई। श्री मन्मथनाथ गुप्त ने लिखा है कि श्री मनोहरलाल त्रिवेदी नामक एक सज्जन, जो किसी सरकारी पद पर कार्यरत थे, उन दिनों सुखदेव तथा चन्द्रशेखर आज़ाद को उनके घर पर भी पढ़ाते थे। उस समय सुखदेव की अवस्था तेरह-चौदह वर्ष तथा आज़ाद की आठ वर्ष थी।

श्री त्रिवेदी के कथन को उद्धृत करते हुए उन्होंने लिखा है-

"जब सुखदेव की उम्र तेरह-चौदह और चन्द्रशेखर की सात-आठ वर्ष की थी, तब मैं इन्हें पढ़ाया करता था। आज़ाद बचपन से ही न्याय-प्रिय और उच्च विचारों वाले थे। एक बार मैं पढ़ा रहा था, तो जान-बूझकर मैंने एक शब्द गलत बोल दिया। इस पर आज़ाद ने वह बेंत, जिसे मैं उनको पढ़ाने में डराने और धमकाने के लिए अपने पास रखता था, उठाया और मुझे दो बेंत मार दिए। यह देख तिवारीजी दौड़े और उन्होंने आज़ाद को पीटना चाहा, लेकिन मैंने उन्हें रोक दिया। पूछने पर आज़ाद का उत्तर था- "हमारी गलती पर मुझे और भाई को ये मारते हैं, तो इनकी गलती पर मैंने इन्हें मार दिया।"

इसके पश्चात् त्रिवेदी महोदय का स्थानान्तरण नागपुर तहसील हो गया, तब भी आज़ाद के घर उनका आना-जाना बना रहा। चार-पाँच वर्ष बाद उनका स्थानान्तरण पुनः भाभरा के पास ही खट्टाली गाँव में हो गया, तब त्रिवेदीजी ने आज़ाद को अपने ही पास रखकर पढ़ाया, क्योंकि सीताराम तिवारी की स्थिति बच्चे को पढ़ा सकने की नहीं थी। आज़ाद कुछ समय श्री मनोहरलाल त्रिवेदी के साथ ही रहे। एक वर्ष बाद उनका यज्ञोपवीत संस्कार हुआ। इस अवसर पर वह त्रिवेदी जी के साथ ही भाभरा गए। खट्टाली में ही उन्होंने चौथी कक्षा तक शिक्षा प्राप्त की।

इन दिनों अलीराजपुर तहसील में कानपुर के निवासी श्री सीतारामजी अग्निहोत्री तहसीलदार थे और श्री मनोहरलाल त्रिवेदी भी अलीराजपुर ही आ गए थे। एक बार चन्द्रशेखर आज़ाद उनसे मिलने अलीराजपुर गए और उन्हीं के पार रह रहे थे। उन्होंने तहसीलदार से आज़ाद को कोई नौकरी देने का निवेदन किया। तहसीलदार श्री अग्निहोत्री भी आज़ाद के परिवार

की ईमानदारी तथा आर्थिक स्थिति से परिचित थे। अतः उन्होंने आज़ाद की नौकरी अलीराजपुर तहसील में ही लगा दी। इस समय उनकी आयु लगभग चौदह वर्ष थी।

लगभग एक वर्ष आज़ाद ने यहाँ नौकरी की। इन्हीं दिनों उनका परिचय एक व्यापारी से हुआ; जो बनारस का रहने वाला था और मोतियों के व्यापार के सिलसिले में अलीराजपुर आया हुआ था। आज़ाद उसके साथ भाग गए। उन्होंने नौकरी से त्याग-पत्र भी नहीं दिया। सम्भवतः इस घूमते रहने वाले व्यापारी का जीवन चन्द्रशेखर आज़ाद को बड़ा पसन्द आया था; वह स्वयं भी किसी बन्धन में बँधना नहीं चाहते थे। उस व्यक्ति के साथ जाने पर उन्होंने उसका साथ छोड़ दिया। अब उनके सामने रोजी-रोटी की समस्या थी, अतः वह बम्बई गोदी में काम करने लगे। नौकरी लग जाने पर भी खाना बनाने की समस्या थी, क्योंकि अभी तक वह एक रूढ़िवादी ब्राह्मण थे। स्वयं खाना बनाने के झंझट से मुक्त रहने के लिए पहले कुछ दिन तक भुने चनों से गुजारा करना पड़ा, किन्तु बाद में ढाबों में खाना आरम्भ कर दिया। शाम को सिनेमा देखने चल देते, ताकि वहाँ से आने पर शीघ्र नींद आ जाए। यह जीवन भी बड़ा उबाऊ और निम्नस्तरीय था। यहाँ रहने पर उन्हें सदा एक कुली बनकर रह जाना पड़ता, अतः उन्होंने अनुभव किया कि उन्हें बम्बई छोड़ देना चाहिए।

सम्भवतः इससे पूर्व वह अपने पिता के सामने बनारस जाकर संस्कृत पढ़ने की इच्छा व्यक्त कर चुके थे, किन्तु इसके लिए कुछ अज्ञात कारणों अथवा अपनी विवशताओं के कारण पिता की सहमति नहीं मिल सकी थी। इस बार चन्द्रशेखर आज़ाद को कोई रोकने वाला नहीं था। वह बम्बई छोड़कर वहाँ से सीधे बनारस पहुँच गए। वहाँ उन्होंने एक संस्कृत पाठशाला में प्रवेश ले लिया और रहने का भी प्रबन्ध हो गया। तब उन्होंने अपने घर पर इस विषय में पत्र लिखा।

चन्द्रशेखर आज़ाद बनारस संस्कृत पढ़ने के लिए गए थे; इतना तो निर्विवाद है, किन्तु बनारस स्वयं गए अथवा भेजे गए, इस विषय में दो मत हैं। प्रथम मत के अनुसार वह स्वयं भागकर बनारस पहुँचे, जैसा कि ऊपर वर्णन किया जा चुका है। द्वितीय मत के अनुसार उनके पिता ने स्वयं उन्हें बनारस भेजा था, आज़ाद की वहाँ जाने की इच्छा ही नहीं थी। अपनी

गरीबी के कारण पंडित सीताराम तिवारी के लिए पुत्र को पढ़ाना सम्भव नहीं था, किन्तु उन्हें शिक्षा देना भी उन्होंने अपना कर्तव्य समझा। तब क्या करते; बहुत सोच-विचार के बाद उन्होंने पुत्र को बनारस भेजने का निश्चय किया। इसके अतिरिक्त कोई अन्य विकल्प भी नहीं था। बनारस प्राचीनकाल से ही संस्कृत के अध्ययन का केन्द्र रहा है। वहां आज भी कई विद्वान प्राचीन गुरुकुल परम्परा के अनुसार विद्यार्थियों को निःशुल्क पढ़ाते हैं। इसके साथ ही अपनी संस्कृति से प्रेम करनेवाले लोग परम्परा से संस्कृत पढ़नेवाले विद्यार्थियों, विशेषकर ब्राह्मण विद्यार्थियों के लिए निःशुल्क अध्ययन के साथ ही निःशुल्क भोजन एवं आवास की सुविधा भी देते थे। यह परम्परा आज भी चली आ रही है। इन विद्यार्थियों को धर्म-प्रेमी जनता यदा-कदा वस्त्र, दक्षिणा तथा अन्य आर्थिक सहायता भी देती रहती है। बनारस की इन सुविधाओं तथा अपनी आर्थिक स्थिति को देखते हुए पंडित सीताराम तिवारी ने बालक चन्द्रशेखर को संस्कृत के अध्ययन हेतु बनारस भेज दिया।

पहली बार घर से दूर एक नए वातावरण में उनका मन नहीं लगा। अभी उनकी अवस्था ही क्या थी। उनका बालक मन विद्रोह कर बैठा। वे वहाँ से भाग गये और अलीराजपुर रियासत पहुँच गए, जहाँ उनके चाचा रहते थे। चंचल एवं निडर बालक चन्द्रशेखर को यहाँ भीलों का साथ मिला। यह साथ उन्हें खूब भाया। वे उन्हीं के बीच रहने लगे। भीलों के साथ रहकर उन्होंने उनसे धनुष एवं तीर चलाना सीखा। वे तीर से निशाना लगाने में निपुण हो गए।

हर समाज की अपनी कुछ परम्पराएं होती हैं। इसी प्रकार भीलों के समाज में भी अपराधी को तीर मारकर दण्ड देने की प्रथा है। एक बार दुश्चरित्रता के आरोप में एक भील को तीर मारकर सजा दी जा रही थी। इसी बीच बालक चन्द्रशेखर भी वहाँ पहुँचे। भीलों के नियम के अनुसार ऐसे समय वहाँ पहुँचने वाला कोई भी व्यक्ति निशाना लगा सकता है। चन्द्रशेखर को भी तीर से निशाना लगाने के लिए कहा गया, उनका निशाना अचूक था। उनके तीर दोषी व्यक्ति की आँखों में लगे और उसकी दोनों आँखें जाती रहीं। उनके चाचाजी को इस सब घटना की सूचना मिली। वह चन्द्रशेखर पर नाराज हुए। उन्हें चन्द्रशेखर का भीलों की

संगति में रहना उचित नहीं लगा। उन्होंने अपने मन में विचार किया कि इससे उनका (चन्द्रशेखर का) जीवन बरबाद हो जाएगा। फलतः उन्होंने चन्द्रशेखर को पुनः बनारस भेज दिया।

इस बार चन्द्रशेखर ने बुद्धिमानी से काम लिया। वह मन लगाकर पढ़ने लगे, किन्तु संस्कृत व्याकरण की पढ़ाई उन्हें रुचिकर नहीं लगती थी, क्योंकि इसमें रटने पर जोर दिया जाता है। यही उन्होंने संस्कृत भाषा, उसके व्याकरण आदि का साधारण-सा अध्ययन किया। यहाँ वह एक धर्मशाला में रहते थे। भोजन आदि की व्यवस्था भी धर्मशाला की ओर से थी।

चन्द्रशेखर बचपन से ही चंचल स्वभाव के थे। अधिक समय तक एक ही स्थान पर रहना उन्हें अच्छा नहीं लगता था। अतः वह कभी-कभी गंगाजी में उतर जाते और घण्टों तैरते रहते। कभी रामायण, महाभारत या किसी पुराण की कथा में बैठ जाते तथा कथा सुनते रहते। वीर पुरुषों, देशभक्तों आदि की कहानियाँ सुनना उन्हें बचपन से ही रुचिकर लगता था।

विद्यार्थी जीवन से राजनीति की ओर

जब चन्द्रशेखर बनारस में अध्ययन कर रहे थे, उन्हीं दिनों भारतीय राजनीति में महात्मा गांधी का पदार्पण हो चुका था। इसके साथ ही भारत भर में क्रान्तिकारियों की गतिविधियाँ भी बढ़ने लगी थीं। अंग्रेजी सरकार ने भारतीयों का दमन करने के लिए एक समिति बनायी, जिसके अध्यक्ष जस्टिस ए.एस.टी. रौलेट थे तथा इसमें निम्नलिखित चार अन्य सदस्य थे–

1. बेसिल स्कॉट, मुख्य न्यायाधीश, बम्बई उच्च न्यायालय।
2. कुमार स्वामी शास्त्री, न्यायाधीश, मद्रास उच्च न्यायालय।
3. बर्ने लावेट, बोर्ड ऑफ रेवेन्यू, यू.पी.के सदस्य।
4. प्रभातचन्द्र मित्र, अधिवक्ता उच्च न्यायालय, कलकत्ता।

इस समिति का गठन करते समय इसके दो उद्देश्य बताए गए थे– भारत में क्रांतिकारी गतिविधियों के विषय में सम्पूर्ण जानकारी प्राप्त करना तथा इन्हें दबाने के लिए कानून बनाना।

स्पष्ट है कि इसका उद्देश्य भारतीयों की स्वतन्त्रता की आवाज को दबाना था, किन्तु सरकार का तर्क था कि सुधारों के लिए इस समिति का गठन किया गया था। यह समिति 10 दिसम्बर, 1917 को बनी थी। अन्त में इसने दो सौ छब्बीस पृष्ठों की अपनी रिपोर्ट प्रस्तुत की। भारतीयों की स्वतन्त्रता एवं उनके अधिकारों को इस रिपोर्ट द्वारा और भी कम कर दिया गया था। इस रिपोर्ट से केवल क्रान्तिकारी आन्दोलन का ही दमन नहीं होता वरन् इसका उद्देश्य राजनीतिक आन्दोलनों को दबाना भी था। इस समिति का नाम 'सिडीशन' कमेटी था, अतः इसके माध्यम से राजनीतिक आन्दोलनों को भी राजद्रोह कहकर दबाया जा सकता था। यह रिपोर्ट पुलिस के विचारों पर आधारित थी। इसमें गर्म दल के कांग्रेसियों लोकमान्य बालगंगाधर तिलक, विपिनचन्द्र पाल आदि को तथा चाफेकर बंधुओं, खुदीराम बोस आदि क्रांतिकारियों को एक समान माना गया था। हिंसा तथा अहिंसा आदि का विचार नहीं किया गया था।

रौलेट कमेटी की सिफारिशें

इस समिति ने पुलिस को विस्तृत अधिकार प्रदान कर दिए थे। पुलिस जब और जिसे चाहे नजरबन्द कर सकती थी, गिरफ्तार कर सकती थी, तलाशी ले सकती थी तथा जमानत माँग सकती थी। इस प्रकार इस समिति की सिफारिशें भी थीं, जिनसे अभियुक्तों को बिना पर्याप्त प्रमाणों के शीघ्रतिशीघ्र दंडित किया जा सके। इन सिफारिशों को सरकार ने स्वीकार कर लिया तथा यही सिफारिशें रौलेट बिल कही गईं।

रौलेट एक्ट का देशव्यापी विरोध

1919 के आरम्भ में इस रिपोर्ट के प्रकाशित होते ही सारे देश में असन्तोष की लहर फैल गई। कांग्रेस ने इसे भारतीयों के मौलिक अधिकारों पर कुठाराघात कहकर इसका विरोध किया। महात्मा गांधी ने इस बिल के विरोध में सारे देश में सत्याग्रह करने की चेतावनी दी और 30 मार्च, 1919 को देशव्यापी हड़ताल का आह्वान किया। यद्यपि यह फिर बदलकर 6 अप्रैल कर दी गई, किन्तु सूचना न मिल पाने के कारण दिल्ली में 30 मार्च को ही सफल हड़ताल हुई। एक विशाल जुलूस

निकाला गया, जिसका नेतृत्व आर्य समाज के प्रधान स्वामी श्रद्धानन्द ने किया। गोरे सिपाहियों ने स्वामीजी को गोली मार देने की धमकी दी, परन्तु स्वामीजी इससे बिलकुल भी विचलित नहीं हुए। वह आगे बढ़ते गए। दिल्ली रेलवे स्टेशन पर पुलिस ने गोली चलाई, जिससे पाँच व्यक्तियों की मृत्यु हुई तथा बीस व्यक्ति घायल हुए। देशवासियों का स्वतन्त्रता-प्रेम दासता की जंजीरों को काट डालना चाहता था। सरकार उन्हें कुचल देना चाहती थी। उसकी समझ में नहीं आ रहा था कि आखिर क्या किया जाए?

दिल्ली के इस आन्दोलन में हिन्दू तथा मुसलमानों की अभूतपूर्व एकता के दर्शन हुए। दोनों ने एक दूसरे के कन्धे-से-कन्धा मिलाकर इस आन्दोलन को सफल बनाया। हिन्दुओं ने सार्वजनिक रूप में मुसलमानों के हाथों से पानी पिया और 4 अप्रैल, 1919 को स्वामी श्रद्धानन्द ने दिल्ली की शाही जामा मस्जिद की मिम्बर से वैदिक मन्त्रों का उच्चारण करते हुए अपना भाषण दिया। निःसन्देह यह भारतीय इतिहास की एक अभूतपूर्व घटना है; एक उज्ज्वलतम ऐतिहासिक पहलू है।

दिल्ली के साथ ही सारे देश में इस बिल का विरोध हुआ। सन् 1919 में अमृतसर में कांग्रेस का अधिवेशन होने वाला था। इसकी तैयारियाँ डॉक्टर किचलू तथा सत्यपाल कर रहे थे। सरकार ने इन दोनों को गिरफ्तार करके किसी अज्ञात स्थान पर भेज दिया। जनता इसका कारण जानने के लिए मजिस्ट्रेट से मिलने के लिए चल पड़ी, किन्तु पुलिस ने उसे रास्ते में ही रोक दिया। इसी बीच हिंसक उपद्रव हो गया, जिसमें पाँच गोरे मारे गए। कई मकानों में आग लगा दी गई। जनता में आक्रोश की कोई सीमा नहीं थी। गुजराँवाला तथा कसूर में भी हिंसक घटनाएँ हुईं। डॉ. सत्यपाल ने गांधीजी को अमृतसर आने के लिए पत्र लिखा था। वह 8 अप्रैल को पंजाब के लिए प्रस्थान कर चुके थे। रास्ते में ही पलवल स्टेशन पर उन्हें गिरफ्तार कर बम्बई भेज दिया गया।

रौलेट बिल के विरोध में पूरे पंजाब में जुलूस निकाले गए। सड़कों पर तीन-तीन मील लम्बे जुलूस देखे गए। सड़कें प्रदर्शन करने वालों से ठसाठस भरी हुई थीं। काले झण्डों का प्रदर्शन किया गया। प्रदर्शनों के साथ ही हड़ताल भी की गई। यह हड़ताल सात दिनों तक चली। पुलिस

बलात् दुकानें खुलवा देती, किन्तु पुलिस के हटते ही दुकानें फिर बन्द हो जातीं। लाहौर में हड़ताल के दौरान बाजार की गलियों में खाना बनता था। महिलाएँ अपनी इच्छा से इससे काम करती थीं, ताकि काम करने वाले तथा मजदूरी पर निर्भर रहने वाली जनता को खाना मिल सके। लोगों ने अपने संकीर्ण स्वार्थों से ऊपर उठकर देश के हित में आन्दोलन में भाग लिया। जगह-जगह 'रौलट बिल, हाय-हाय' के नारे लग रहे थे, सम्राट् जार्ज पञ्चम के पुतले जलाए जा रहे थे। पुलिस जब चाहती, जगह-जगह लाठीचार्ज करती रहती थी। कई जगहों पर पुलिस ने गोलियाँ भी चलाईं। धड़ाधड़ गिरफ्तारियाँ तथा बाजारों में खुलेआम प्रदर्शनकारियों को बेंत लगाना साधारण-सी बात हो गई थी। सरकार हड़ताल समाप्त करने तथा प्रदर्शन रोकने के लिए पोस्टर चिपकाती, किन्तु जनता उन्हें फाड़ डालती।

जलियाँवाला बाग काण्ड

13 अप्रैल, 1919 को बैशाखी के दिन पंजाब के अमृतसर में जलियाँवाला बाग में एक सभा हो रही थी। सभा का उद्देश्य रौलेट बिल का विरोध करना था, जिसमें लगभग बीस हजार व्यक्ति उपस्थित थे, जिसमें बालक, युवक, प्रौढ़ तथा वृद्ध सभी अवस्था के स्त्री और पुरुष थे। जलियाँवाला बाग के चारों ओर दीवारें थीं, केवल एक ओर से एक सँकरा रास्ता था, जिसके अन्दर कोई वाहन भी नहीं जा सकता था।

यह सभा शान्तिपूर्वक हो रही थी। हंसराज नामक एक व्यक्ति भाषण दे रहा था। इतने में जनरल डायर वहाँ आ धमका। उसके साथ पचास गोरे तथा एक सौ हिन्दुस्तानी सैनिक थे। बाग में एक ओर सैनिकों को खड़ा करके उसने निहत्थी जनता पर गोली चलाने का आदेश दे दिया। जनता में भगदड़ मच गई, किन्तु भागने का रास्ता अत्यन्त सँकरा था। कई लोग जान बचाने के लिए कुएँ में कूद गए, जिसमें अनेक लोगों की मृत्यु हो गई। दो-तीन मिनट तक लगातार गोलियाँ चलाकर निरीह जनता के खून की होली खेली गई। हिंसा का नग्न ताण्डव हुआ। इस विषय में श्री मन्मथनाथ गुप्त अपनी पुस्तक 'भारतीय क्रान्तिकारी आन्दोलन का इतिहास' में लिखते हैं–

"जनरल डायर ने हण्टर कमीशन के सामने जो बयान दिया, उसके अनुसार उसने पहले लोगों में तितर-बितर होने को कहा, फिर दो-तीन मिनट के अन्दर गोली चलवाई यदि यह बात सच भी मान ली जाए, तो दो मिनट में बीस हजार आदमी तंग रास्ते से बाहर नहीं निकल सकते थे। यदि यह भी माना जाए कि जनरल डायर के हुक्म के बावजूद जनता ने उठने से इंकार किया तो भी यह समझ में नहीं आता कि कौन-सी जरूरत या विपत्ति आ पड़ी थी जिससे इस तरह से एक हजार आदमियों को बात-की-बात में भून डाला गया। इस घटना के लिए केवल जनरल डायर के सिर पर दोष थोपना गलत होगा, क्योंकि ब्रिटिश साम्राज्यवाद ने योजना बनाकर यह सारी बातें की थीं, ऐसा ही मैं समझता हूँ। बात यह है कि पंजाब से ही ब्रिटिश साम्राज्यवाद को सबसे अच्छे जवान मिलते थे, इसलिए स्वाभाविक तौर पर सरकार यह नहीं चाहती थी कि इस प्रान्त में किसी प्रकार बदअमनी फैले। इस सम्बन्ध में सरकार पनपने से पहले नोंच डालने वाली नीति बरतना चाहती थी। जनरल डायर तब तक गोली चलवाता रहा, जब तक कि उसका सारा क्रोध ठण्डा न हो गया और इस बात को उसने बड़ी अकड़ के साथ कमीशन के सामने कहा। क्यों न कहता, उसे किसी प्रकार का डर तो था नहीं।"

इस काण्ड में कुल सोलह सौ गोलियाँ चली थीं। सरकार की रिपोर्ट के अनुसार इसमें चार सौ व्यक्तियों की मृत्यु हुई तथा लगभग दो हजार व्यक्ति घायल हुए। इस प्रकार की घटनाओं में सरकार की रिपोर्ट प्रायः गलत ही होती है, अतः यह रिपोर्ट भी सही नहीं थी। बाद में इसकी जाँच के लिए कांग्रेस ने एक आयोग का गठन किया, जिसकी रिपोर्ट के अनुसार मृतकों एवं घायलों की संख्या सरकारी रिपोर्ट से लगभग दुगुनी थी।

इस काण्ड के बाद भी सरकार की क्रूरता में कमी नहीं आई। अमृतसर के लिए पानी एवं बिजली की आपूर्ति बन्द कर दी गई, राह चलते लोगों को बेंतों से पीटा जाता था, उन्हें छाती के बल रेंगकर चलने के लिए विवश किया जाता था। सैनिक कानून के अंतर्गत दुकानों में वस्तुओं के भाव सैनिकों की इच्छा के अनुसार तय किए जाते थे। सैकड़ों लोगों को गिरफ्तार करके जेलों में भेजा गया था।

पंजाब के गवर्नर माइकल ओडायर ने जनरल डायर के इस कार्य की प्रशंसा की थी। सैनिक शासन के इन अत्याचारों का वर्णन श्री मन्मथनाथ गुप्त ने निम्नलिखित शब्दों में किया है–

"पंजाब के अन्य स्थानों में भी भयंकर अत्याचार हुए, जिनका वर्णन पढ़ते हुए रोंगटे खड़े हो जाते हैं। कहीं-कहीं पर तो बम बरसाए गए। बहुत-सी जगहों पर यह नियम बनाया गया कि हरएक हिन्दुस्तानी हर एक गोरे को सलाम करे। कहीं-कहीं एक हिन्दू और एक मुसलमान को एक साथ बाँधकर जुलूस निकाला गया। सरकार का मतलब मुसलमान-एकता की हँसी उड़ाना था। कसूर में जो साहब इंचार्ज थे, उन्होंने एक बड़ा पिंजड़ा बनाया, जिसमें एक सौ पचास आदमी सार्वजनिक रूप से बन्दरों की तरह बन्द रहते थे। कर्नल जॉनसन साहब ने एक बारात पार्टी को पकड़कर बेंत लगवाए गए। कहीं-कहीं भले आदमियों को रण्डियों के सामने बेंत लगवाये गए। राह चलने वालों से कुलियों का काम लिया गया। यह हुक्म भी था कि स्कूल के लड़के दिन में आकर तीन बार ब्रिटिश झण्डे को सलाम करें, बच्चों से प्रतिज्ञा कराई गई कि वे कभी कोई अपराध नहीं करेंगे तथा उनसे पश्चात्ताप करवाया गया। लाला हरिकिशन लाल के चालीस लाख रुपये जब्त कर लिए गए तथा उन्हें काले पानी की सजा हुई। इन अत्याचारों का कहाँ तक वर्णन किया जाए।"

पंजाब की इन घटनाओं से पूरे भारतवर्ष में एक क्षोम का वातावरण उत्पन्न हो गया। चन्द्रशेखर इन सब घटनाओं से अपरिचित नहीं थे। इन समस्त घटनाओं के विषय अंग्रेजों के इन अत्याचारों से किशोर चन्द्रशेखर का खून खौलने लगा। उनके हृदय में प्रतिशोध की आग धधकने लगी।

इस समय उनकी अवस्था लगभग चौदह वर्ष की थी।

बेंतों की सजा और चन्द्रशेखर से आज़ाद

अमृतसर के बाद दूसरे वर्ष 1920 में कांग्रेस का अधिवेशन कलकत्ता में हुआ। यह एक विशेष अधिवेशन था, जिसमें लाला लाजपतराय सभापति बनाये गए। इस अधिवेशन में सरकार के साथ असहयोग का प्रस्ताव रखा गया। यद्यपि देशबन्धु चितरंजनदास, महामना मदनमोहन मालवीय, विपिनचन्द्र पाल आदि पुराने नेता इस प्रस्ताव के विरुद्ध थे, फिर

भी यह प्रस्ताव पास हो गया। फिर इसी वर्ष कांग्रेस का वार्षिक अधिवेशन नागपुर में हुआ, जिसके सभापति विजय राघवाचार्य थे। इस अधिवेशन में भी यह प्रस्ताव भारी बहुमत से पास हो गया।

1921 के प्रारम्भ में ही महात्मा गांधी के नेतृत्व में पूरे देश में असहयोग आन्दोलन चलाया गया। असहयोग आन्दोलन की यह आँधी अपने पूरे वेग के साथ देश-भर में फैल गई। विदेशी वस्त्रों की होलियाँ जलाई गईं। वकीलों ने अदालतों का बहिष्कार कर दिया। विद्यार्थी सरकारी तथा सरकार से सहायता लेने वाले विद्यालयों का बहिष्कार करने लगे। विदेशी वस्तुओं की दुकानों पर आन्दोलन करने वाले धरना देते थे। जगह-जगह सभाएँ हुईं। जुलूस निकाले गए। नेता जनता से सरकार के साथ हर प्रकार का असहयोग करने का आह्वान करते थे।

पूरे देश की तरह बनारस भी इस आन्दोलन से अछूता नहीं रह सका। अनेक विद्यार्थी इस आन्दोलन में उतर पड़े। उन्होंने अपनी पढ़ाई छोड़ दी। प्रायः सदा ही प्रदर्शन होते, सभाएँ की जातीं तथा नारों से देशों दिशाएँ गूँज उठतीं। असहयोग आन्दोलन में भाग लेने वाली जनता पर पुलिस लाठियाँ बरसाती। चन्द्रशेखर सभाओं में जाते, भाषण सुनते तथा पुलिस के अत्याचारों को देखते। इन सब बातों ने उनके किशोर मन को झकझोरकर रख दिया। पुलिस के अत्याचारों को देखकर उनका मन विद्रोह कर उठता, वह प्रारंभ से ही स्वतन्त्रता-प्रेमी थे। अतः अपने आपको रोक नहीं सके। वे पढ़ाई की ओर से विमुख होकर असहयोग आन्दोलन में उतर पड़े। अभी उनकी अवस्था केवल पन्द्रह वर्ष के लगभग ही थी।

एक दिन कुछ आन्दोलनकर्ता एक विदेशी कपड़े की दुकान पर धरना दे रहे थे। इतने में पुलिस आ गई। पुलिस का एक दारोगा धरना देने वालों पर डण्डे बरसाने लगा। वह उन्हें बुरी तरह पीट रहा था। चन्द्रशेखर से यह अत्याचार नहीं देखा गया। वह अपने-आप पर संयम न रख सके। पास में ही एक पत्थर पड़ा था। उन्होंने दूर से ही वह पत्थर उस दारोगा के माथे पर दे मारा। निशाना अचूक लगा था। दारोगा का माथा फट गया और वह वहीं भूमि पर गिर पड़ा। एक दूसरे सिपाही ने चन्द्रशेखर को ऐसा करते हुए देख लिया था। चन्द्रशेखर भी इस बात को जान गए, अतः वह भीड़ के बीच से स्वयं को पुलिस की नजरों से बचाते हुए भाग खड़े हुए।

एक सिपाही ने उन्हें पकड़ने का प्रयत्न किया, परन्तु वह उसकी पकड़ में नहीं आए।

चन्द्रशेखर के माथे पर चन्दन का टीका लगा था। जिस सिपाही ने उन्हें पत्थर मारते हुए देखा था, वह उन्हें पहचान गया था। अतः वह कुछ अन्य सिपाहियों को साथ लेकर उन्हें ढूँढने के लिए निकल पड़ा। जहाँ-जहाँ उनके मिलने की सम्भावना थी, उन सभी धर्मशालाओं, विद्यालयों तथा अन्य स्थानों पर खोज की गई। अन्त में पुलिस वाले उस धर्मशाला में भी पहुँच गए, जहाँ चन्द्रशेखर रह रहे थे। पुलिस का सिपाही कमरे में घुस गया। वहाँ लोकमान्य तिलक, लाल लाजपतराय, महात्मा गांधी आदि राष्ट्रीय नेताओं के चित्र लगे थे। चन्द्रशेखर गिरफ्तार कर लिए गए। उनके हाथों में हथकड़ियाँ डाल दी गईं। पुलिसवाले उन्हें अपने साथ ले गए, किन्तु चन्द्रशेखर इससे बिलकुल भी भयभीत या विचलित नहीं हुए।

थाने ले जाकर उन्हें हवालात में बन्द कर दिया गया। हवालात के छोटे-छोटे कमरों में अनेक सत्याग्रही पशुओं की तरह बन्द किए गए थे। हवा एवं पानी की कोई भी समुचित व्यवस्था नहीं थी। ठिठुरती जाड़े की रात थी। हवालात में बन्द चन्द्रशेखर को किसी भी प्रकार का ओढ़ने अथवा बिछाने के लिए कोई बिस्तर नहीं दिया गया। शायद पुलिसवालों ने सोचा होगा कि यह लड़का ठण्ड से घबरा जाएगा और माफी माँग लेगा, किन्तु ऐसा कुछ नहीं हुआ। यही देखने के लिए कि लड़का क्या कर रहा है, आधी रात को पुलिस का इंस्पेक्टर उनके कमरे के पास आया। सम्भवतः वह अपने मन में यही विचार कर रहा होगा कि चन्द्रशेखर ठण्ड से ठिठुर रहे होंगे। इंस्पेक्टर ने ताला खोला और अन्दर गया, किन्तु यह क्या! चन्द्रशेखर को देखकर वह हैरान रह गया। चन्द्रशेखर ने ठण्ड का सामना करने के लिए उपाय निकाल लिया था; वह व्यायाम (दण्ड) कर रहे थे, फलस्वरूप ठण्ड में ठिठुरने अथवा काँपने की जगह उनके शरीर से पसीना टपक रहा था। यह देखकर सहसा इंस्पेक्टर को अपनी आँखों पर विश्वास ही नहीं हुआ, किन्तु वास्तविकता सामने थी। चन्द्रशेखर ने सिद्ध कर दिखाया था कि युक्ति और परिश्रम के सामने कोई भी विपत्ति नहीं ठहर सकती। पुलिस इंस्पेक्टर उलटे पाँव वापस लौट गया।

दूसरे दिन चन्द्रशेखर को न्यायालय में मजिस्ट्रेट के सामने ले जाया

गया। उन्हीं की अवस्था के कुछ अन्य लड़के भी गिरफ्तार किए गए थे। वे भी अदालत में लाए गए। मजिस्ट्रेट खरेघाट पारसी था। वह बनारस के राजनीतिक मामलों को निपटाता था, किन्तु राजनीतिक बन्दियों के महत्त्व को कम करने के लिए उन्हें सड़क पर यातायात रोकने की धारा 107 के अंतर्गत सजा दी जाती थी। खरेघाट कठोर दण्ड देने के लिए कुख्यात था। चन्द्रशेखर सबसे कम अवस्था के विद्यार्थी थे। संस्कृत पढ़ने वाले विद्यार्थी प्रायः धार्मिक भावना के कारण अध्ययन करते थे, अतः इनमें 30-35 वर्ष के विद्यार्थी भी थे। इस मजिस्ट्रेट से विद्यार्थी कांपते थे किन्तु ये सभी विद्यार्थी निर्भीक खड़े थे। चन्द्रशेखर से पहले वाले लड़के से मजिस्ट्रेट ने पूछा, "तुम्हारा नाम?"

"नवम्बर।" लड़के ने उत्तर दिया।

"तुम्हारे बाप का नाम?"

"दिसम्बर।"

इन उत्तरों को खरेघाट ने अपने लिए अपमानजनक समझा। इसके बाद उसने चन्द्रशेखर से पूछा, "तुम्हारा नाम?"

"आज़ाद।" चन्द्रशेखर बोले।

"पिता का नाम?"

"स्वाधीन।"

तुम्हारा घर कहाँ है?"

"जेल में।"

इस प्रकार के उत्तरों से मजिस्ट्रेट तिलमिलाकर रह गया। बड़े-बड़े अपराधी उसके सामने उत्तर देने का साहस भी नहीं कर पाते थे। अतः उसने क्रोध में आकर आज़ाद को पन्द्रह बेंतों की कठोर सजा दी। बेंतों की सजा वास्तव में कठोर समझी जाती थी। इसे सुनकर ही अभियुक्त काँप उठते थे। बेंतों की मार से चमड़ी उधड़ जाती थीं, परन्तु चन्द्रशेखर ने इस दण्ड की कोई परवाह नहीं की।

बनारस का जेलर सरदार गण्डासिंह बड़े ही क्रूर स्वभाव का व्यक्ति था। उसमें दया नाम की कोई चीज नहीं थी। कैदियों को अथवा अभियुक्तों को सजा दिलाने में उसे बड़ा आन्नद मिलता था। इस कार्य में वह क्रूरता की सीमा तक पहुँच जाता था। कोड़े लगवाने के लिए उसने चन्द्रशेखर

को एक तख्ते से बँधवा दिया। इस समय उनके शरीर पर एक लँगोट के अलावा अन्य कोई वस्त्र न था, क्योंकि कोड़े लगाने से पूर्व वस्त्र उतार दिए जाते थे। शरीर से खाल अलग न हो जाए, इसके लिए शरीर पर लेप लगाया जाता था। गण्डासिंह मन-ही-मन उनकी अक्ल ठिकाने लगाने के उद्देश्य से हँस रहा था। उसने बेंत लगाने वाले को अपना काम करने की आज्ञा दी। तड़ातड़ बेंत पड़ने लगे। हर बेंत पर चन्द्रशेखर के मुँह से लगातार 'महात्मा गांधी की जय' का नारा गूँज उठता। बेंतों से उनका सारा शरीर लहूलुहान हो गया, किन्तु चन्द्रशेखर ने उफ तक नहीं की। उनके मुखमण्डल पर पीड़ा या विषाद का कोई चिह्न नहीं था। उनके इस प्रकार के धैर्य, साहस तथा देशप्रेम को देखकर सभी उपस्थित लोग आश्चर्यचकित रह गए।

चन्द्रशेखर को मिली बेंतों की सजा का समाचार पूरे बनारस नगर में फैल गया था। जनता फूलमालाएँ लेकर उनका स्वागत करने जेल के दरवाजे पर पहुँच गई। जनता में बालक, युवा एवं वृद्ध तथा स्त्री एवं पुरुष सभी ने उनको फूलों की मालाएँ पहनाकर उनका स्वागत किया। उन्हें अपने कन्धों पर उठा लिया और 'चन्द्रशेखर आज़ाद की जय','भारतमाता की जय' तथा 'महात्मा गांधी की जय' आदि नारों से आकाश गूँज उठा।

उसी दिन बनारस के ज्ञानवापी नामक स्थान पर एक सभा हुई। यहाँ भी लोगों की अपार भीड़ इस वीर बालक के दर्शनों के लिए उपस्थित थी। चन्द्रशेखर आज़ाद मंच पर आए तो उनके ऊपर फूलों की वर्षा की गई। वे पुष्पमालाओं से लद गए। इस समय वे धोती एवं कुर्ता पहने हुए थे। उनके माथे पर चन्दन का तिलक लगा हुआ था। मंच पर उन्होंने एक संक्षिप्त-सा भाषण दिया, जिसमें उन्होंने देश की स्वतन्त्रता के लिए कार्य करने की प्रार्थना की तथा इस पावन कार्य के लिए अपने प्राणों का बलिदान कर देने वाले वीरों को अपनी श्रद्धांजलि दी। जन समुदाय ने पुनः 'चन्द्रशेखर आज़ाद जिन्दाबाद' के नारे लगाए। इसके पश्चात अन्य लोगों ने भी भाषण दिए, जिनमें चन्द्रशेखर आज़ाद के वीरतापूर्ण कार्य की प्रशंसा की गई।

उन दिनों बनारस से 'मर्यादा' नामक एक पत्र निकलता था, जिसके प्रकाशक श्री शिवप्रसाद गुप्त तथा सम्पादक श्री सम्पूर्णानन्द थे। श्री सम्पूर्णानन्द बाद में उत्तर प्रदेश के मुख्यमंत्री तथा राजस्थान के राज्यपाल

भी बने। 'मर्यादा' में चन्द्रशेखर आज़ाद का चित्र तथा 'वीर बालक आज़ाद' नाम से उनके विषय में एक लेख भी प्रकाशित हुआ, जिसमें उनके वीरतामय कार्य तथा अद्‌भुत साहस की भूरि-भूरि प्रशंसा की गयी।

यद्यपि अदालत में मजिस्ट्रेट खरेघाट ने चन्द्रशेखर को सबक सिखाने के उद्देश्य से 'बेंतों' की सजा दी थी, किन्तु इस सजा से मातृभूमि के प्रति उनका प्रेम और भी दृढ़ हो गया। इस सम्बन्ध में श्री मन्मथनाथ गुप्त अपनी पुस्तक 'भारतीय क्रांतिकारी आन्दोलन का इतिहास' में लिखते हैं–

"आज़ाद ने मजिस्ट्रेट के सामने चुनौती दी। आज़ाद ने ठीक ही कहा था कि कुशासन में आज़ाद लोगों का स्थान जेलखाना ही होता है। खरेघाट ने सोचा कि यह बालक है, इसे ऐसी सजा देनी चाहिए, जिससे कि इसे कुछ सबक मिले और यह इन बातों को छोड़कर पढ़ने-लिखने में लगे। इसके अनुसार उन्हें पन्द्रह बेंत मारने की सजा दी गई। जेल में ले जाकर उन्हें बेंत लगाए गए। पर एक-एक बेंत मारा जाता था और वे पहले से भी जोर से 'महात्मा गांधी की जय' बोलते थे। उन दिनों 'महात्मा गांधी की जय' का नारा भारत की युद्धयात्रा का नारा था।"

वास्तव में स्वतन्त्रता शरीर की नहीं, मन की होती है। व्यक्ति के शरीर को बन्दी बनाया जा सकता है, मन को नहीं। सच्चे स्वतन्त्रता प्रेमी अत्याचारी शासन के लिए आँखों की किरकरी बन जाते हैं, अतः उनका जीवन अधिकतर कारागारों में ही बीतता है। ब्रिटिश शासन में सभी देश-प्रेमियों का घर जेल में ही बन गया था, इसलिए चन्द्रशेखर से जब मजिस्ट्रेट ने उनके घर के विषय में पूछा तो उन्होंने जेल को ही अपना घर बताया। उनके इस उत्तर में गम्भीर अर्थ छिपा था जो सरकार के अत्याचारों की ओर संकेत करता था।

इस घटना ने किशोर अवस्था में ही चन्द्रशेखर को एक लोकप्रिय नेता के रूप में प्रसिद्ध कर दिया। यद्यपि यह सजा क्रूर अवश्य थी, फिर भी इसे कोई भारी सजा नहीं कहा जा सकता, किन्तु यह घटना उनके भावी क्रान्तिकारी जीवन के लिए प्रथम सोपान थी। इस दृष्टि से यह एक महत्वपूर्ण घटना है और इसी घटना के बाद वह चन्द्रशेखर से चन्द्रशेखर आज़ाद बने थे– वीर चन्द्रशेखर आज़ाद।

बेंतों की सजा का यह समाचार उनके घरवालों तक पहुँच गया, क्योंकि यह समाचार देश के सभी समाचार-पत्रों में छपा था। समाचार को पढ़कर उनके घर के लोग अत्यंत चिन्तित हुए। पिता श्री सीताराम तिवारी सीधे बनारस पहुंचे। उन्होंने पुत्र को अनेक प्रकार से समझाया तथा उन पर जोर डाला कि वह घर लौट चलें, किन्तु आज़ाद भी बचपन से ही अपने हठ के धनी थे। वह देश-सेवा का व्रत ले चुके थे। किसी भी श्रेष्ठ व्यक्ति के लिए अपना लक्ष्य ही सबसे महान होता है। महापुरुष जिस कार्य को करने की ठान लेते हैं, दुनिया भर की विपत्तियाँ आ जाने पर भी, वह अपने मार्ग से नहीं हटते, अतः उन्होंने अपने पिताजी का यह प्रस्ताव नहीं माना। पिताजी निराश होकर वापस घर लौट गए।

यह उनका अपने घर के प्रति एक प्रकार का विद्रोह ही था। वस्तुतः आज़ाद की दृष्टि में सारा देश ही अपना घर था। आचार्य चाणक्य ने कुल के लिए एक व्यक्ति का, ग्राम के लिए कुल का तथा राज्य अथवा देश के लिए ग्राम का भी परित्याग करने की शिक्षा दी है। चन्द्रशेखर आज़ाद ने भी ऐसा ही किया। उन्होंने भारत भूमि के हित में संकीर्ण पारिवारिक मोह तथा उसके सम्बन्धों को तिलांजलि दे दी।

द्वितीय अध्याय

क्रान्ति की ओर

पूर्ववर्णित बनारस की घटना के बाद वीर चन्द्रशेखर आज़ाद के चरण स्वतंत्रता आन्दोलन की ओर बढ़ते गए। वे पूर्णतया देशभक्ति के रंग में रंग गए; पढ़ाई से उनका मन उठ गया, वे अपने विद्यालय के साथियों को भी देश की स्वतन्त्रता के आन्दोलन में भाग लेने के तैयार करने लगे। आज़ादी प्राप्त करना ही आज़ाद का लक्ष्य बन गया।

आन्दोलन की वापसी : आज़ाद की निराशा

असहयोग आन्दोलन ने चन्द्रशेखर आज़ाद को एक नई दिशा दिखाई थी, वे भारत की स्वतन्त्रता के सपने देखने लगे थे। इसके लिए उनके मन में कुछ करने की तमन्नाएँ थीं, किन्तु अगले ही वर्ष चौरीचौरा की घटना के कारण महात्मा गांधी ने असहयोग आन्दोलन वापस ले लिया। घटना इस प्रकार घटी थी। असहयोग आन्दोलन पूरे जोरों से चल रहा था, कई आन्दोलनकारी जेलों में बन्द कर दिए गए थे। यह आन्दोलन पूरी तरह अहिंसात्मक था। गोरखपुर के पास चौरीचौरा नामक स्थान पर पुलिस के अत्याचारों से आन्दोलनकर्ता अपना आपा खो बैठे, उनकी भीड़ ने एक थाने में आग लगा दी। इस आग में एक दारोगा तथा इक्कीस सिपाहियों की जलकर मृत्यु हो गई। यह घटना 12 फरवरी, 1922 को घटी थी, जिसे इतिहास में, 'चौरीचौरा काण्ड' के नाम से जाना जाता है। इस प्रकार की हिंसा को देखकर गांधीजी ने आन्दोलन रोक दिया। 13 मार्च, 1922 को गांधीजी गिरफ्तार कर लिए गए। इस समय भारतीय का उत्साह अपनी चरम सीमा पर था, अतः महात्मा गांधी के इस

निर्णय से उन्हें भारी निराशा हुई। महात्माजी के इस प्रकार के निर्णय के विषय में श्री मन्मथनाथ गुप्त लिखते हैं–

"महात्मा गांधी ने इस पर आम लोगों में अहिंसा के भाव की कमी को देखकर आन्दोलन को स्थगित कर दिया। 13 मार्च को गांधीजी भी गिरफ्तार कर लिए गए। एक आश्चर्य की बात यह है कि जब तक आन्दोलन जोरों से चलता रहा और गांधीजी खुल्लमखुल्ला तौर पर उसका नेतृत्व कर रहे थे, उस समय तक उनको किसी ने नहीं पकड़ा, किन्तु ज्यों ही आन्दोलन चला रहे थे, उस समय वह तैंतीस करोड़ थे, किन्तु जिस समय उन्होंने आन्दोलन स्थगित कर दिया और लोगों की बढ़ती हुई उमंगों पर पानी फेर दिया, उनको एक खामखयाली के नाम पर निरुत्साह कर दिया, उस समय वे एक व्यक्ति हो गए।"

श्री गुप्त के इन शब्दों में कुछ अतिशयोक्ति हो सकती है, किन्तु इतना निश्चित है कि एक मामूली-सी घटना के कारण आन्दोलन को इस प्रकार बीच में रोक देने से भारतीयों को विशेषकर युवा वर्ग को इससे बड़ी निराशा हुई। गुप्तजी स्वयं एक क्रांतिकारी रहे हैं, अतः उनके इस शब्दों से तत्कालीन क्रांतिकारियों के मनोभावों का सुन्दर परिचय मिलता है। आन्दोलन के इस प्रकार बीच में रुक जाने पर चन्द्रशेखर आज़ाद को बड़ी निराशा हुई, किन्तु उनकी यह निराशा स्थायी न होकर एक क्षणिक आवेश मात्र थी। वे जिस मार्ग पर बढ़ चुके थे, उससे पीछे लौटने का उनके लिए प्रश्न ही नहीं उठता था।

क्रान्तिकारियों के सम्पर्क में

आन्दोलन में गहरी रुचि तथा इसमें सक्रिय भाग लेने से चन्द्रशेखर आज़ाद की पढ़ाई में व्यवधान पहुँचा, फलतः उन्होंने इससे मुक्ति पा ली। पढ़ाई छोड़ने के बाद वे अपने कार्य के लिए उचित वातावरण की खोज करने लगे।

असहयोग आन्दोलन से पहले भी भारत में क्रान्तिकारी युवक अनेक बार अपने कार्यों से सरकार को चुनौती दे चुके थे। बनारस भी उनकी गतिविधियों से अछूता नहीं रहा था। इन गतिविधियों में बंगाल के क्रान्तिकारियों की भूमिका महत्वपूर्ण रही थी। कुछ समय के लिए

क्रान्तिकारी आन्दोलन समाप्त जैसा हो गया था। बनारस-षड्यन्त्र के नेता शचीन्द्रनाथ सान्याल को इस षड्यन्त्र में आजन्म कालेपानी की सजा तथा अन्य लोगों को भी अनेक प्रकार की सजाएँ हुई थीं। सन् 1920 में सभी राजनीतिक बन्दियों को आम माफी दे दी गई थी, फलतः ये सभी क्रान्तिकारी छूट गए। इधर असहयोग आन्दोलन के इस प्रकार बीच में ही समाप्त हो जाने पर युवक खिन्न थे। शचीन्द्रनाथ सान्याल ने इस अवसर का लाभ उठाया तथा पुनः क्रान्तिकारी दल का गठन किया। सान्याल का मुख्य क्षेत्र उत्तर प्रदेश ही था। उन्होंने शीघ्र ही क्रान्तिकारी दल को सुदृढ़ बना लिया। इन्हीं दिनों बंगाल में अनुशीलन समिति नाम की क्रान्तिकारियों की संस्था भी कार्य कर रही थी। अनुशीलन समिति ने बनारस में कल्याण आश्रम नाम के एक आश्रम की स्थापना भी की थी, यह आश्रम वास्तव में समिति के सदस्य क्रान्तिकारियों का कार्यालय ही था।

क्रान्तिकारी दल तथा अनुशीलन समिति लम्बे समय तक अलग-अलग कार्य करते रहे। दोनों के उद्देश्य तथा कार्यप्रणालियाँ समान थीं, अतः बाद में ये दोनों मिलकर एक दल के रूप में कार्य करने लगे। इस संयुक्त दल का नाम 'हिन्दुस्तान रिपब्लिकन एसोसिएशन' रखा गया इस एसोसिएशन के निम्नलिखित मुख्य उद्देश्य थे-

1. संगठित क्रान्ति द्वारा गणतन्त्र स्थापित करना, जिसमें प्रान्तों को आन्तरिक मामलों में पूर्ण स्वतन्त्रता होगी।
2. प्रत्येक सही सलामत मस्तिष्क वाले वयस्क नागरिक को मताधिकार।
3. शोषण रहित समाज की स्थापना।

स्पष्ट है कि ये सभी उद्देश्य साम्यवादी रूस की शासन प्रणाली से प्रभावित थे। कुछ ही वर्ष पूर्व सन् 1917 में अक्तूबर क्रान्ति के बाद सोवियत संघ में साम्यवाद की स्थापना हो चुकी थी। 'हिन्दुस्तान रिपब्लिकन एसोसिएशन' के सदस्य पूरे उत्तर प्रदेश में फैले हुए थे। शाहजहाँपुर में पंडित रामप्रसाद बिस्मिल, कानपुर में सुरेश बापू तथा बनारस में श्री राजेन्द्रनाथ लाहिड़ी, श्री शचीन्द्रनाथ बक्शी तथा श्री रवीन्द्रमोहन कार इस दल के कार्यों को आगे बढ़ा रहे थे।

इन दिनों चन्द्रशेखर आज़ाद भी बनारस में प्रसिद्ध हो चुके थे, अतः

क्रान्तिकारी दल का एक सदस्य प्रणवेश उनसे मिला। आज़ाद से मिलकर प्रणवेश अत्यधिक प्रभावित हुआ। इस प्रकार आज़ाद भी 'हिन्दुस्तान रिपब्लिकन एसोसिएशन' के सदस्य बन गए। यहीं उनकी भेंट रामप्रसाद बिस्मिल आदि महान् क्रान्तिकारियों से हुई और यहीं से उनके भावी क्रान्तिकारी जीवन का एक नया अध्याय प्रारम्भ हुआ।

दल के संगठन में

आज़ाद हिन्दुस्तान रिपब्लिकन एसोसिएशन के सदस्य बन गए, तभी दल की सदस्यता का विस्तार किया जाना निश्चित हुआ। आज़ाद ने इस कार्य में बढ़-चढ़कर भाग लिया। वह ब्राह्मण के वेश में इधर-उधर घूमते रहते तथा युवकों से मिलते और उनके विचार जानते। क्रान्तिकारी विचारों वाले युवकों को खोजकर अपने दल का सदस्य बनाते। इस प्रकार थोड़े ही समय में उनके प्रयत्नों से दल के सदस्यों की संख्या बढ़ने लगी, किन्तु दल के पास धन का अभाव था। यद्यपि दल की जनशक्ति में भारी वृद्धि हो गई थी, परन्तु दल के पास साधनों की कमी थी। इस कमी को दूर करने के लिए दल के सदस्यों की बैठकें हुईं।

पूर्ववर्णित 'कल्याण आश्रम' एक प्रकार से बनारस के इन क्रान्तिकारियों का केन्द्र एवं विचार-विमर्श का स्थान था। इसमें एक कमरे में अनेक प्रकार के बाजे आदि रखे हुए थे। सायंकाल कुछ लोग कमरे में गाने-बजाने का काम करते, वाद्य बजते रहते। इसके साथ ही अन्दर क्रान्तिकारियों की बैठकें चलती रहतीं। लोग यही समझते कि कल्याण आश्रम कोई धार्मिक संस्था है, जहाँ कुछ लोग भजन-कीर्तन आदि करते हैं किन्तु वास्तविकता कुछ और ही थी। यहीं दल की आर्थिक स्थिति पर भी विचार हुआ करता था। एक दिन दल की आर्थिक स्थिति पर ही विचार हो रहा था। चन्द्रशेखर आज़ाद भी बैठक में उपस्थित थे। इसी दल में रामकृष्ण खत्री नाम का एक सदस्य था, जो उदासीन संप्रदाय का साधु था। उसने एक नई योजना रखी। योजना इस प्रकार थी कि गाजीपुर में निर्मले साधुओं का एक मठ था। मठ के महन्त के पास अपार धन था और मठ की अपनी पर्याप्त सम्पत्ति थी। महन्त वृद्ध हो चला था और रोगी था; आशा थी वह शीघ्र ही संसार से चल बसेगा। अतः क्रान्तिकारियों के दल

किसी सदस्य को महन्त का शिष्य बनाना था, जिससे महन्त के मरने के बाद महन्त तथा मठ की सम्पत्ति क्रान्तिकारियों के काम आ सके। इस समय महन्त को किसी शिष्य की आवश्यकता भी थी। दल के सभी सदस्यों ने इस कार्य के लिए सबने एक स्वर से चन्द्रशेखर आज़ाद को ही उपयुक्त समझा। उन्हें पूरा विश्वास था कि महन्त उन्हें देखकर अवश्य अपना शिष्य बना लेगा। इस कार्य के लिए सबने एक स्वर से चन्द्रशेखर आज़ाद का नाम प्रस्तावित किया, किन्तु चन्द्रशेखर आज़ाद इससे सहमत नहीं हुए। वे इसे पाखण्ड और धोखा समझते थे, किन्तु दल को धन की अत्यन्त आवश्यकता थी, अतः इसे देखते हुए और साथियों के दबाव के कारण उन्हें यह बात माननी पड़ी।

महन्त के शिष्य के रूप में

पूरी योजना बनाकर ब्रह्मचारी साधु के रूप में आज़ाद गाजीपुर के उक्त मठ में पहुँच गए। माथे पर चन्दन, गेरुआ परिधान, रुद्राक्षों की मालाएँ उनके व्यक्तित्व को एक अनोखी भव्यता प्रदान कर रही थीं। वैसे भी उनकी देह सुन्दर-सुदर्शन एवं आकर्षक थी। अपने व्यक्तिगत जीवन में भी वे ब्रह्मचारी थे। महन्त उनके मनमोहक व्यक्तित्व एवं बलिष्ठ शरीर को देखकर तुरन्त सहमत हो गया। वह महन्त के शिष्य बन गए। उनकी सेवा से बीमार महन्त धीरे-धीरे स्वस्थ होने लगा।

निर्मल साधु सिख होते हैं, जो 'गुरु ग्रन्थ साहब' की उपासना करते हैं। यहाँ रहकर आज़ाद ने गुरुमुखी लिपि तथा पंजाब भाषा का भी अध्ययन किया, क्योंकि मठ का महन्त बनने के लिए यह आवश्यक था।

यद्यपि मठ में किसी प्रकार का कोई भी अभाव नहीं था, फिर भी आज़ाद तो आज़ाद ही थे; उन्हें यहाँ रहना बन्दी जैसा लगने लगा। कहाँ एक क्रान्तिकारी युवक; कहाँ मठ का जीवन! उनकी स्थिति पिंजड़े में बन्द शेर के समान हो गई। केवल दो महीनों में ही वह इस जीवन से ऊब गए। उनकी सहन-शक्ति जवाब देने लगी। वे तो यह समझकर आए थे कि महन्त बीमार है, इसलिए जल्द ही चल बसेगा, किन्तु यहाँ उल्टा हो रहा था; मरने की तो बात दूर, वह और भी अधिक तगड़ा हो गया था। अतः इस सम्बन्ध में अपने साथियों को एक पत्र लिखा– "महन्त के मरने के

कोई आसार नजर नहीं आ रहे थे हैं। आपका अनुमान सही नहीं था; वह दिन-पर-दिन मोटा होता जा रहा है। मठ की सम्पत्ति हाथ में आएगी, हमें यह आशा छोड़ देनी चाहिए। मुझे इस बन्धन से मुक्त होने की आज्ञा दो।"

पत्र दल के लोगों को मिला, वे किसी भी कीमत पर मठ की सम्पत्ति को हाथ से नहीं जाने देना चाहते थे। अतः पत्र मिलते ही दो और सदस्य गोविन्द प्रकाश तथा मन्मथनाथ गुप्त साधु वेश में गाजीपुर पहुँचे। गोविन्द प्रकाश गुरु तथा मन्मथनाथ गुप्त चेला बने थे। दोनों मठ में पहुँचे और पहले महन्त से मिले तथा फिर चन्द्रशेखर आज़ाद से। फिर वे मठ के क्षेत्र में घूमे-फिरे। मठ एक किले की तरह था। चारों ओर ऊँची-ऊँची दीवारें थीं। उन्होंने मठ की सम्पत्ति को भी देखा। मठ दल के कार्यक्रमों के लिए पूर्णतया उपयुक्त जगह थी। उसकी सम्पत्ति दल को सुदृढ़ बनाने के काम आ सकती थी। गोविन्द प्रकाश तथा मन्मथनाथ गुप्त ने इस पर सब प्रकार से विचार किया और उन्होंने आज़ाद को वहीं बने रहने का परामर्श दिया। आज़ाद को उनकी बात माननी पड़ी। गोविन्द प्रकाश तथा मन्मथनाथ दोनों वापस चले गए।

विवशता में लिए गए निर्णय पर दृढ़ रहना सरल नहीं होता। यद्यपि उस समय चन्द्रशेखर आज़ाद ने अपने साथियों के दबाव में आकर मठ में बने रहने की बात स्वीकार कर ली थी, किन्तु उनका मन उस मठ में नहीं लग सका। उनके लिए यहाँ रहना असम्भव हो गया। अतः एक दिन महन्त को बताए बिना आज़ाद चुपचाप इस बन्धन से आज़ाद हो गए और साथियों के पास बनारस पहुँच गए।

आज़ाद के इस प्रकार मठ को छोड़कर चले आने से उनके साथियों को बड़ी निराशा हुई। उन्हें लगा कि हाथ में आया खजाना चला गया है। दल के पास धन की कमी के कारण उसका काम भी आगे नहीं बढ़ सकता था। अब आज़ाद पुनः दल के संगठन में जुट गए। यद्यपि उनके कठोर परिश्रम से धन की कमी कुछ दूर हुई, किन्तु इससे कुछ नहीं हो सकता था, अतः उन्होंने कुछ नई योजनाओं पर विचार किया।

दल के लिए ऋण और चन्दे

'हिन्दुस्तान रिपब्लिकन एसोसिएशन' ने धन एकत्रित करने का

उत्तरदायित्व मुख्य रूप से चन्द्रशेखर आज़ाद को सौंपा। आज़ाद तत्परता से इस काम में जुट गए। उनका व्यक्तित्व बड़ा ही मनमोहक था तथा वे बातचीत करने की कला में भी कुशल थे, अतः जो भी व्यक्ति उनके सम्पर्क में आता, उनसे प्रभावित हुए बिना नहीं रहता था। कदाचित उनके इन्हीं गुणों से पंडित मोतीलाल नेहरू भी प्रभावित थे। इतिहास की पुस्तकों में लिखा मिलता है कि विभिन्न राजनीतिक काण्डों में फरार हो जाने पर आज़ाद उनसे मिलते रहते थे तथा आर्थिक सहायता प्राप्त करते रहते थे।

पंडित मोतीलाल नेहरू दल को यदा-कदा चन्दा देते रहते थे। राजर्षि पुरुषोत्तमदास टण्डन सदा ही मुक्तहस्त से क्रान्तिकारियों को आर्थिक सहायता देते रहते थे। प्रसिद्ध साहित्यकार शरत्चन्द्र कलकत्ता के अटॉर्नी जनरल निर्मलचन्द्र तथा वहीं के एडवोकेट जनरस सर एस. एन. सरकार आदि महानुभाव भी इन क्रान्तिकारियों को नियमित रूप से चन्दा देते रहते थे। दल की सदस्य-संख्या निरन्तर बढ़ती जा रही थी, फलस्वरूप खर्चे भी बढ़ते जा रहे थे। धन के अभाव में आज़ाद तथा उनके साथियों को भयंकर तंगी का सामना करना पड़ता था। कभी-कभी तो हालात ऐसे भी हो जाते कि सभी को भूखों रह जाना पड़ता। भयंकर सर्दी में साधारण कपड़ों से ही गुजारा करना पड़ता था। इन अभावों के होते हुए भी इन वीरों के उत्साह में कोई कमी नहीं आई; मातृभूमि की स्वतन्त्रता के कार्य को वे अनवरत रूप से आगे बढ़ाते रहे। इस कार्य को आगे बढ़ाने के लिए आज़ाद ने अपने मित्रों से कई बार ऋण भी लिया था। यहाँ उनके जीवन की इसी प्रकार की कुछ घटनाओं का वर्णन किया जा रहा है, जिनसे दल के प्रति उनके निःस्वार्थ प्रेम का परिचय प्राप्त होता है। कहा जाता है एक बार दल के सामने धन की परम आवश्यकता थी; क्योंकि पिस्तौलें खरीदनी थीं। क्या किया जाए? आज़ाद इसी चिन्ता में डूबे हुए थे। दोपहर के समय एक व्यक्ति उनके पास आया। उसने बताया कि उनके (आज़ाद के) माता-पिता घर में भूखों मर रहे हैं। उनके लिए वह व्यक्ति इधर-उधर से माँगकर किसी तरह कुछ रुपये लाया था। उसने ये रुपये चन्द्रशेखर आज़ाद को दे दिए, ताकि वे इन्हें माता-पिता के पास भिजवा दें।

रुपये मिलने पर आज़ाद ने उस व्यक्ति से कुछ इस तरह की बात की–

"इन रुपयों के लिए मैं तुम्हारा आभार प्रकट करता हूँ। इस समय दल को इनकी बहुत बड़ी आवश्यकता थी। ईश्वर की कृपा से तुम सही समय पर आ गए।"

आज़ाद की इन बातों को सुनकर वह व्यक्ति बड़ा हैरान हुआ और बोला, "पंडितजी! मैंने यह पैसा आपके माता-पिता की सहायता के लिए दिया है। वे भूखों मर रहे हैं, पर समझ में नहीं आता, आप इस पैसे को दल के लिए क्यों खर्च करना चाहते हैं।"

इस पर आज़ाद बोले, "भैया, देश के करोड़ों लोग भूखों मर रहे हैं। मुझे केवल अपने माता-पिता की नहीं, अपितु पूरे देश की चिन्ता है। इसके लिए इस समय पिस्तौल खरीदना नितान्त आवश्यक है। देश की ऐसी स्थिति में केवल अपने परिवार की चिन्ता करना स्वार्थमात्र है।"

उनके इस उत्तर ने उस व्यक्ति को निरुत्तर कर दिया और वह लौट गया।

इसी प्रकार एक बार फिर दल को रुपयों की अत्यन्त आवश्यकता थी। दल के अध्यक्ष ने यह समस्या आज़ाद के समक्ष रखी और उन्हें बताया कि दल को तुरन्त चार हजार रुपयों की आवश्यकता है। यदि यह पैसा न मिलता तो दल का काम रुक जाता। समस्या के महत्त्व पर विचार करके आज़ाद गम्भीर हो गए, किन्तु विपत्ति से घबराना उन्होंने सीखा ही नहीं था। उन्होंने पैसों का प्रबन्ध करने का उत्तरदायित्व अपने ऊपर ले लिया और अध्यक्ष से निश्चित रहने को कह दिया। उनका एक मित्र था, जो रुपयों के लेन-देन का कार्य करता था। वह आज़ाद का बड़ा सम्मान करता था। आज़ाद उसी के पास पहुँचे। उन्होंने मित्र के सामने अपनी समस्या रखी और बताया कि उन्हें तत्काल चार हजार रुपयों की आवश्यकता थी, किन्तु इस समय उस मित्र के पास भी रुपये नहीं थे। उसने दूसरे दिन रुपयों का प्रबन्ध कर देने की बात कही, परन्तु चन्द्रशेखर आज़ाद अपने दल के अध्यक्ष को उसी दिन पैसे देने का वचन दे चुके थे। अतः उन्होंने मित्र से कहा कि उन्हें तत्काल रुपयों की आवश्यकता थी। वह कहीं से भी प्रबन्ध कर दे और वायदा किया कि रुपया छः महीने बाद ब्याज सहित लौटा दिया जाएगा। मित्र भी बड़ी दुविधा में पड़ा गया। इसके बाद उनके उस मित्र ने किसी दूसरे व्यक्ति से चार हजार रुपये कर्ज लेकर उन्हें दे दिए।

इस प्रकार चन्द्रशेखर आज़ाद दल की आवश्यकता के लिए किसी प्रकार कर्ज लेकर भी रुपयों का प्रबन्ध कर देते थे। चन्द्रशेखर तथा उनके सभी साथी बड़ी ही निर्धनता की स्थिति में जीवन का निर्वाह करते, किन्तु दल के पैसों का हिसाब बड़ी सावधानी और ईमानदारी से रखा जाता। एक पैसे का भी अपव्यय नहीं किया जाता।

दुकान में मुनीमगीरी

दल के हितों को ध्यान में रखकर चन्द्रशेखर आज़ाद ने एक मिस्त्री को भी दल का सदस्य बनाया था, जो पिस्तौल बनाने में निपुण था। इससे दल की एक बहुत बड़ी समस्या हल हो गयी थी, किन्तु दल की सदस्य संख्या बहुत अधिक बढ़ चुकी थी, अतः चन्दा इकट्ठा करने तथा कर्ज लेने पर भी दल का आर्थिक संकट दूर नहीं हो रहा था। दल के बहुत सारे सदस्य नौकरियाँ भी करते थे, जो अपनी आय का एक निश्चित भाग दल के कोष में जमा करते थे। इसी प्रकार आज़ाद भी एक अचार-मुरब्बे की दुकान बही-खाते बनाने का काम करने लगे। वहाँ से उन्हें जो वेतन मिलता था, उसमें से थोड़ी-सी राशि अपने पास रखकर शेष रुपये वे दल को दे देते थे।

इस प्रकार आज़ाद का पूरा जीवन ही दल के लिए समर्पित था। दल की आर्थिक स्थिति में सुधार लाने के लिए वे निरन्तर प्रयत्न करते रहते थे। यही नहीं, दल का प्रत्येक कार्य करने में वे सदा आगे रहते थे, इसीलिए दल में उन्हें 'क्विक सिल्वर' अर्थात् पारा कहा जाता था।

क्रान्ति का पर्चा

धीरे-धीरे 'हिन्दुस्तान रिपब्लिकन एसोसिएशन' की शाखाएँ उत्तरी भारत में कलकत्ता से लेकर लाहौर तक फैल गईं। इसका केन्द्र बनारस था। हथियार एकत्रित करने का कार्य रामप्रसाद बिस्मिल का था। सभी हथियार बनारस में इकट्ठा करके विभिन्न केन्द्रों को भेजे जाते थे, किन्तु बन्दूक, रिवाल्वर आदि अनेक प्रकार के हथियारों को एक स्थान से दूसरे स्थान तक ले जाना कोई आसान कार्य नहीं था। इन्हें प्रथम या द्वितीय श्रेणी के डिब्बों में ही ले जाया जा सकता था। अनेक कठिनाइयों के बाद

भी ये विभिन्न केन्द्रों पर भिजवा दिए गए। इस प्रकार दल के विभिन्न केन्द्रों पर हथियारों का अच्छा-खासा भण्डार जमा हो गया था। अब दल ने सरकार को चेतावनी देने की सोची।

एक योजना बनी, जिसके अनुसार एक पर्चा छपवाया गया। इस पर्चे में दल के उद्देश्यों का परिचय दिया गया था तथा जनता से अंग्रेजी सरकार के विरुद्ध क्रान्ति कर देने की अपील की गई थी। यह पर्चा पीले कागज पर था। योजना के अनुसार इस बात पर भलीभाँति विचार कर लिया गया कि पर्चा सभी शहरों में एक ही दिन लगाया जाए। ऐसा न करने पर पुलिस सावधान हो जाती है पर्चे जब्त कर लिए जाते। इससे जनता दल के उद्देश्यों से परिचित नहीं हो पाती। अतः जनवरी, 1925 में एक दिन रंगून से लेकर पेशावर तक लोगों ने इन पर्चों को एक साथ देखा। दल के सदस्य इन पर्चों को लेकर स्वयं सभी शहरों में गए थे। प्रत्येक स्कूल, कॉलेज, दफ्तर, बाजार, मन्दिर, मस्जिद, गिरजाघर, गुरुद्वारे, सिनेमाघर तथा अन्य सभी सार्वजनिक स्थानों पर ये पर्चे चिपके हुए पाए गए। यह काम इतनी सावधानी एवं गोपनीयता के साथ किया गया कि किसी को इसका पता भी न लग पाया।

बनारस में पर्चे चिपकाने तथा बाँटने का काम चन्द्रशेखर आज़ाद ने किया था। उन्होंने बड़ी चतुराई से कार्यालयों के कर्मचारियों को भी अपनी ओर मिलाकर उन्हीं के हाथों पर्चे बँटवा दिए। दल में उनके इस कार्य की सराहना की गई।

इस कार्य से क्रान्तिकारी दल देश भर में प्रसिद्ध हो गया। किसी ने सपने में भी यह नहीं सोचा था कि दल का विस्तार इतना अधिक है। इससे सरकार चिन्ता में पड़ गई। पुलिस तथा गुप्तचर विभाग दल की खोज में जी-जान से जुट गए।

तृतीय अध्याय

साध्य और साधन

प्रारम्भ में क्रान्ति शब्द का अर्थ ही हिंसा के माध्यम से सत्ता-परिवर्तन करना था, भले ही आज क्रान्ति शब्द अन्य अर्थों में भी प्रयुक्त होने लगा है, जैसे हरित क्रान्ति अथवा औद्योगिक क्रान्ति इत्यादि। अतः क्रांति-पथ के पथिकों के लिए अपना साध्य देश को स्वतन्त्र कराना ही सर्वोपरि था। इसमें साधनों की पवित्रता पर विशेष ध्यान नहीं दिया जाता था। भारत ही नहीं आयरलैण्ड एवं सोवियत संघ के क्रान्तिकारियों ने भी अपने साध्य के लिए हिंसक साधनों को अपनाया था। इन क्रान्तिकारियों के पास आय के कोई साधक तो थे नहीं, अपने लक्ष्य पर आगे बढ़ने के लिए इन्हें धन की आवश्यकता पड़ती थी, जिसके लिए चन्दा माँगने पर भी धन का अभाव अथवा कमी बनी रहती थी, अतः विवशता के कारण इन्हें डाके भी डालने पड़ते थे।

बीसवीं शताब्दी के प्रारम्भ से ही बंगाल के क्रान्तिकारियों ने क्रान्ति के लिए डकैतियों को अपनी कार्यप्रणाली का अंग बना लिया था। बंगाल के लिए प्रसिद्ध पत्र 'युगान्तर' के एक लेख से इस बात का परिचय मिलता है कि पवित्र साध्य के लिए डकैतियों को क्रान्तिकारी अनुचित नहीं समझते थे।

एक दिन सुबह सुबोध मलिक के घर कलकत्ता के विभिन्न मुहल्लों के प्रतिनिधियों की एक गुप्त बैठक हुई। यह बात सन् 1906-7 की है। पी. मित्र इसके सभापति थे। गुप्त समिति के लिए धन एकत्र करने के लिए डकैतियों को प्रस्ताव आया। इस पर कुछ लोगों ने कहा कि डाका देशवासियों के यहाँ न डालकर सरकारी खजाने में डालना चाहिए। इस

पर कुछ अन्य सदस्यों ने कहा कि सरकारी खजाना लूटने के लिए जिस शक्ति की आवश्यकता होती है, उसे प्राप्त करने हेतु आरम्भ में देशवासियों पर डकैती डालनी होगी। यह तो स्पष्ट है कि धनी इसमें पैसा नहीं देंगे। बाद में श्री अरविन्द घोष ने समझाया कि स्वतन्त्रता के लिए डकैती करने में जिस राजनीतिक दोष की कल्पना की जाती है, वह पूर्णतया निराधार है। अन्त में रंगपुर के एक प्रतिनिधि ने कहा कि हम लोग डकैती करके जो-कुछ भी लाएँ, उसका सही-सही हिसाब रखा जाए और स्वतन्त्रता-प्राप्ति के बाद जिनसे जो-कुछ लिया जाए, वह उन्हें ठीक-ठीक लौटा दिया जाए। इस प्रस्ताव का अरविन्द घोष ने समर्थन किया और यह पास हो गया।

ये क्रान्तिकारी इस नियम का पूर्णरूप से पालन करते थे। लूटे गए व्यक्ति के घर उससे लूटे धन की रसीद भेज दी जाती थी। सन् 1916 में कलकत्ता के गोपाराय क्षेत्र में एक डकैती हुई थी। इस डकैती का नेतृत्व श्री अतुल्य घोष एवं श्री पुलिन बनर्जी ने किया था। बाद में लूटे गए घर के स्वामी के लिए एक पत्र भेजा गया था, जिसमें लिखा था– "हमारे कोष में आपके हिसाब में 9891 रु. 5 पाई कर्ज के रूप में जमा हुए हैं। स्वतंत्रता मिलने पर इस धन को ब्याज सहित लौटा दिया जाएगा।"

इन डाकों के औचित्य पर प्रकाश डालते हुए श्री मन्मथनाथ गुप्त अपनी पुस्तक 'भगत सिंह और उनका युग' में इसी प्रकार के विचार प्रकट करते हैं। उनका आशय है, "क्रान्तिकारी अपने घरों से भी दल के लिए गहने चुराते थे। बंगाल में एक क्रान्तिकारी ने अपने घर पर डाका डलवाया था। पैसे का हिसाब बड़े ध्यान से रखा जाता था। चन्द्रशेखर आदि सभी बड़ी गरीबी से जीवन बसर करते थे। आयरलैण्ड और रूस के क्रान्तिकारियों द्वारा भी डाके डाले गए। स्टालिन भी बाकू के पास डाली गई डकैती में शामिल हुए थे। इंगलैंड में सोवियत संघ के प्रथम राजदूत क्रासिन भी डकैतियों में शामिल हुए थे। इसे विदेशी क्रान्तिकारी द्वारा जबरदस्ती वसूल किया गया चंदा कहते थे। सिडीशन कमेटी की रिपोर्ट के अनुसार एक डकैती डालने पर क्रान्तिकारियों ने रसीद छोड़ दी थी–"इतनी रकम ली गई है। भारत स्वतन्त्र होने पर कर्जा अदा कर दिया जाएगा।"

क्रान्तिकारियों के समक्ष धन की समस्या सदा बनी रही। चन्द्रशेखर आज़ाद जब क्रांतिकारी दल में शामिल हुए, तो दल का सदस्य होने के कारण उन्हें भी इस समस्या का सामना करना पड़ा। इस समस्या के कारण दल के सदस्यों को भोजन एवं वस्त्र- जैसी सामान्य आवश्यकताओं के लिए भी कठिनाइयों का सामना करना पड़ता था। कभी-कभी तो सदस्यों के लिए भोजन का प्रबन्ध करना भी कठिन हो जाता था। यहाँ तक कि कभी-कभी भोजन न मिलने पर क्रान्तिकारियों को भिखारियों के लिए खोले गए लंगरों में जाकर अपनी भूख शान्त करनी पड़ती थी, किन्तु आज़ाद को इन जगहों पर भोजन करना बड़ा ही अपमानजनक लगता था। इसके साथ ही अन्य अनेक आवश्यकताएँ भी दल के सामने थीं। इन सब समस्याओं के निराकरण हेतु अमीर लोगों के यहाँ डाके डालने की योजना बनी।

दल के कार्यों के लिए डकैतियाँ

अन्य कोई रास्ता न देखकर दल ने डाके डालने आरम्भ कर दिए। पंडित रामप्रसाद बिस्मिल डकैतियों में दल का नेतृत्व करते थे। दल की ओर से इस प्रकार का पहला डाका प्रतापगढ़ के पास एक गाँव में मुखिया के घर डाला गया। रामप्रसाद अपने साथियों को लेकर डाका डालने के लिए चल पड़े। गाँव के बाहर गाँव के ही कुछ लोगों से उनकी मुलाकात हुई। गाँव के लोगों ने पूछा कि वे कहाँ जा रहे थे। इस पर उन्हें बताया गया कि दल के लोगों को गाँव के मुखिया के यहाँ दावत पर बुलाया गया था।

चन्द्रशेखर आज़ाद भी इस डकैती में शामिल थे। मुखिया के घर पहुँचने पर डाका डालने से पहले बिस्मिल ने अपने साथियों को निर्देश दिया कि "दल का उद्देश्य केवल धन प्राप्त करना है; किसी की हत्या करना नहीं। अतः केवल धन ही लूटा जाए और इस बात का ध्यान रहे कि किसी महिला के साथ कोई भी किसी प्रकार का अभद्र व्यवहार न करे।" साथी घर के अन्दर घुस गए और रामप्रसाद बिस्मिल स्वयं हाथ में पिस्तौल लेकर बाहर खड़े रहे, ताकि यदि कोई व्यक्ति बाहर से मदद के लिए आए तो उसे अन्दर न जाने दिया जाए।

दल के लोग अन्दर लूटपाट करने लगे। घर में चीख-पुकार मच गई। स्त्रियों के साथ किसी भी प्रकार की जबरदस्ती न करने का निर्देश था, उनके इस तरह के व्यवहार से फायदा उठाकर एक महिला ने चन्द्रशेखर आज़ाद के हाथ से पिस्तौल छीन लिया। स्त्री पर हाथ नहीं डाला जा सकता था। इधर चीख-पुकार सुनकर बाहर गाँव के कई लोग इकट्ठे हो चुके थे और उनकी संख्या बढ़ती जा रही थी। रामप्रसाद बिस्मिल उन्हें रोकने के लिए खड़े थे। स्थिति गम्भीर हो गई थी, किन्तु किसी की भी हत्या नहीं करनी थी। तब बिस्मिल ने अपने साथियों को भाग चलने का संकेत किया और सब साथी भाग खड़े हुए। यहाँ से कुछ भी हाथ नहीं लगा, वरन् एक पिस्तौल से हाथ ही धोना पड़ा। इस प्रकार दल को पहले ही डाके में असफलता का मुँह देखना पड़ा।

इसके बाद दूसरा डाका एक जमींदार के यहाँ डाला गया। सभी क्रांतिकारी घर के अन्दर लूटपाट करने लगे। इसी बीच दल के एक सदस्य की नजर घर की युवा लड़की पर पड़ी। उसे देखकर उस सदस्य का मन डोल पड़ा। वह उस लड़की के साथ दुर्व्यवहार करने लगा। चन्द्रशेखर आज़ाद ने उसे देख लिया और ऐसा न करने की चेतावनी दी, किन्तु उसने उनकी बात पर कोई ध्यान नहीं दिया। उदार चरित्र आज़ाद से यह बरदाशत नहीं हुआ; वह क्रोधित हो उठे और उन्होंने अपने ही दल के उस सदस्य को गोली मार दी। इसके बाद उन्होंने उस लड़की के साथ हुए अभद्र व्यवहार के लिए उससे क्षमा माँगी और वहाँ से बिना कुछ लूटे चले गए। इस प्रकार दूसरी डकैती में भी कुछ हाथ नहीं लगा।

अपने एक साथी से दल के कार्य के लिए आज़ाद ने चार हजार रुपये कर्ज लिए थे। यह पैसा छः महीने बाद ब्याज सहित चुकाया जाना था। इसका उल्लेख पिछले अध्याय में हो चुका है। उस मित्र ने भी यह पैसा किसी दूसरे से लेकर दिया था। अभी तीन महीने ही हुए थे कि एक दिन वह मित्र आज़ाद के पास आया और उसने बताया कि वह व्यक्ति, जिसने उसने पैसे लिए थे, अपने पैसे माँग रहा था। अतः उसने आज़ाद से पैसे लौटाने की प्रार्थना की। इस पर आज़ाद बड़े असमंजस में पड़ गए। उन्होंने उस मित्र को अपनी परिस्थिति बताई तथा यह भी कहा कि वायदे के अनुसार पैसे छः महीने बाद अवश्य लौटा दिए जाएँगे।

इस पर उस व्यक्ति ने अपनी विवशता उनके सामने रखी और बताया कि इस समय उसके पास भी पैसे नहीं थे, अन्यथा वह स्वयं लौटा देता तथा पैसा लौटाना भी नितान्त आवश्यक था। मित्र की विवशता देखकर आज़ाद ने उसे वचन दिया कि पैसे शीघ्र ही उसके घर पहुँचा दिए जाएँगे।

मित्र को दिए गए वचन का पालन करना जरूरी था, परन्तु रुपए कहाँ से लौटाए जाएँ। इसी उधेड़बुन में कुछ समय तक सोचते रहने के बाद आज़ाद एक निर्णय पर पहुँचे; उन्होंने मन-ही-मन कार्यक्रम की रूपरेखा बना ली।

जब आज़ाद दिल्ली में थे। भरी दोपहर में वह अपनी योजना को कार्यरूप में परिणत करने के लिए निकल पड़े और चाँदनी चौक पहुँच गए। दिल्ली के सबसे व्यस्त एवं भीड़भाड़ वाले स्थानों में चाँदनी चौक भी एक है। उनके साथ उनके पाँच-छः साथी और भी थे। सुन्दर नए कपड़ों में सजे-धजे आज़ाद एक जौहरी की दुकान के सामने जा पहुँचे। उन्होंने साथियों को बाहर ही खड़े रहने को कहा तथा अपने आप दुकान के अन्दर घुस गए। अन्दर जाकर वह जौहरी के साथ आभूषणों के मूल्य तथा अन्य विषयों में बातें करने लगे। तभी उन्होंने अपने साथियों को संकेत दिया। संकेत पाते ही बाहर खड़े साथी भी दुकान के अन्दर चले गए। आस-पास के लोगों को कुछ पता भी न लग सका और आज़ाद अपने मित्रों के साथ जौहरी की दुकान से पन्द्रह हजार रुपये लूटकर भाग खड़े हुए।

चार हजार रुपये उस मित्र को समय पर लौटा दिए। रुपये लौटा देने पर जब मित्र ने यह जानना चाहा कि ये रुपये कहां से प्राप्त हुए तो उन्होंने सारी कहानी बता दी। इस पर मित्र का कहना था कि इस तरह निरपराध लोगों को लूटना उचित नहीं है, इसे पाप समझना चाहिए। तब आज़ाद बोले, "मेरे लिए देश की आज़ादी सबसे पहले है, इसे प्राप्त करने के लिए मैं पाप या पुण्य का विचार नहीं करता। इन धनवानों को लूटना मैं पाप नहीं समझता। ये लोग गरीब जनता का लहू चूसकर धनवान बनते हैं। वास्तव में इनके पास जमा धन देश का धन है, उसे देश के कार्यों में लगाना कोई पाप नहीं है।" यह सुनकर उनका मित्र निरुत्तर हो गया।

चन्द्रशेखर आज़ाद के सम्पूर्ण क्रान्तिकारी जीवन को दो भागों में बाँटा जा सकता है। काकोरी काण्ड तक वह 'हिन्दुस्तान रिपब्लिकन एसोसिएशन'

के सदस्य रहे। यहाँ उन्होंने शचीन्द्रनाथ सान्याल के नेतृत्व में काम किया, तब रामप्रसाद बिस्मिल आदि क्रान्तिकारी उनके साथी थे। इसे उनके क्रान्तिकारी जीवन का पूर्वार्द्ध कहा जा सकता है। इस काण्ड के बाद उन्होंने भगतसिंह आदि के साथ मिलकर क्रान्तिकारी गतिविधियों का संचालन किया। वह उनके इस जीवन का उत्तरार्द्ध कहा जाएगा।

गवर्नर का सेक्रेटरी बनकर ठगी

उनके इस उत्तरार्द्ध जीवन में भी इस प्रकार की डकैती की योजना बनी थीं, किन्तु भगतसिंह जनता पर डाके डालने के पक्ष में नहीं थे। अतः डाके तो नहीं डाले गए, किन्तु सामान्यतया अन्य तरीकों से धन संग्रह अवश्य किया गया। अब वह स्वयं अपने दल के अध्यक्ष थे। एक बार उन्होंने कानपुर के एक सेठ से गवर्नर का सेक्रेटरी बनकर पन्द्रह हजार रुपए ऐंठ लिए थे।

घटना इस प्रकार है– रात के लगभग नौ बजे थे। सेठ दिलसुख राय अपने मुनीम के साथ बैठे हुए बही-खातों की जाँच कर रहे थे। तभी सेठजी के नौकर ने जाकर उन्हें बताया कि कोई साहब उनसे मिलना चाहते हैं। सेठजी ने मुनीम को उन लोगों के साथ बातें करने के लिए भेजा। मुनीमजी उन लोगों से बातें करने आए और लौटकर बताया कि गवर्नर साहब के सेक्रेटरी साहब आए हैं। उनके साथ उनका एक बाबू और एक चपरासी भी है। वे लोग इसी समय आप से मिलना चाहते हैं। इतना सुनकर सेठजी स्वयं उनसे मिलने के लिए चल पड़े और आदर सहित उन्हें अन्दर लिवा लाए। उन्हें बड़े सम्मान के साथ बैठाया गया। हाथ जोड़ते हुए सेठजी ने सेक्रेटरी साहब से आने का कारण पूछा। इस पर सेक्रेटरी साहब ने बताया," लड़ाई में सरकार के पास धन की कमी हो गई है, इसीलिए बड़े-बड़े धनवान लोगों से सरकार चन्दा माँग रही है। मैं इसीलिए गवर्नर साहब की ओर से आपके पास चन्दा माँगने आया हूँ।"

"आपको कष्ट करने की क्या आवश्यकता थी, मुझे बता दिया होता; मैं स्वयं आपकी सेवा में हाजिर हो जाता," सेठजी बोले।

"मैं आपके पास आया या आप मेरे पास आए, एक ही बात है, इससे क्या अन्तर पड़ता है।"

"यह तो आपका बड़प्पन है हुजूर, जो आपने मेरे घर आने की कृपा की।

कृपया बताएँ कि मुझे कितनी सेवा करनी होगी?"

"सेठजी, चन्दा गवर्नर साहब ने स्वयं लोगों का इन्कम टैक्स देखकर निश्चित किया है, अतः आपके नाम पर पन्द्रह हजार रुपए लिखे गए हैं।"

रकम कुछ बड़ी थी। सेठजी को मायूस जैसा देखकर सेक्रेटरी साहब ने अपना दूसरा दाँव फेंका– "आप कोई मामूली आदमी नहीं हैं। आप जो आयकर देते हैं, उसको देखते हुए इतनी धनराशि कोई अधिक नहीं है। महामहिम गवर्नर आपसे अत्यधिक प्रसन्न हैं, वह अगले वर्ष आपको रायबहादुर का खिताब देने वाले हैं।"

रायबहादुर खिताब का नाम सुनते ही सेठ दिलसुखराय की खुशी का कोई ठिकाना न रहा। मौके का फायदा उठाते हुए सेक्रेटरी साहब पुनः बोले, "अगले वर्ष जिन लोगों को यह पदवी दी जा रही है, उस सूचि में आपका नाम भी है। समझ लीजिए, आप रायबहादुर बन ही गये हैं। अब तो केवल औपचारिकता पूरी होनी है।"

रायबहादुर की उपाधि मिलना उन दिनों बड़े सम्मान की बात समझी जाती थी। इस प्रकार अपने आप इतना बड़ा सम्मान मिलने की बात सुनकर सेठजी कठिनाई से अपनी खुशी को दबा पा रहे थे, वरना उनके मन में खुशी के लड्डू फूट रहे थे। इस समय न मालूम वह क्या-क्या सोच रहे थे। इधर सेक्रेटरी साहब और उनके साथी भी सेठजी के मन की बात को समझ रहे थे और मन-ही-मन हँस भी रहे थे। उन्होंने सेठ की खूब तारीफ करते हुए उसे इस बात का पूरा विश्वास दिला दिया कि अब उनकी इस उपाधि को कोई नहीं छीन सकता। बातों-ही-बातों में सेठजी ने पन्द्रह हजार रुपये का चन्दा दे दिया। सेक्रेटरी साहब रसीद-बुक साथ ही लाए थे। साथ आये बाबू ने रसीद बनाकर सेठजी को दे दी। सेक्रेटरी साहब अपने बाबू और चपरासी के साथ चलते बने। सेठजी बेचारे रायबहादुर की पदवी मिलने वाली है, इस खुशी में पागल हुए जा रहे थे।

थोड़ी ही देर में नौकर ने सेठजी को पुलिस के आने की सूचना दी। तभी एक सी.आई.डी. इंस्पेक्टर चार-पाँच सिपाहियों के साथ अन्दर आया। आते ही उसने सेठजी से प्रश्न किया, "अभी आपके यहाँ कौन आया था?"

"गवर्नर साहब के सेक्रेटरी आए थे, चन्दा माँगने।" सेठजी बोले।

"उनके साथ और कौन-कौन थे?"

"उनके साथ उनका क्लर्क तथा एक चपरासी था।"

इंस्पेक्टर ने उनके रूप-रंग, आकार आदि के बारे में पूछा। सेठजी ने पूरा हुलिया बता दिया। इस पर इंस्पेक्टर ने पूछा, " क्या आपने उन्हें चन्दा दे दिया।"

"हाँ साहब!" सेठजी ने कहा।

"कितना?"

"पन्द्रह हजार रुपये।"

तब इंसपेक्टर ने बताया, " आप ठगे गए हैं सेठजी, आपके साथ एक बहुत बड़ा धोखा हुआ है। वे तीनों सेक्रेटरी, बाबू या क्लर्क कुछ नहीं थे। वे चन्द्रशेखर आज़ाद, भगतसिंह और राजगुरु थे।"

सेठजी को काटो तो खून नहीं; उन्हें सारी धरती घूमती हुई दिखाई देने लगी, अपने कानों पर यकायक विश्वास ही नहीं हुआ। उन्हें बे-बात पन्द्रह हजार रुपयों का चूना लग गया था। उन्हें मुनीम के ऊपर क्रोध तथा स्वयं अपनी मूर्खता पर रोना आ रहा था।

गाडोदिया स्टोर डकैती

भगतसिंह की गिरफ्तारी के बाद भी दल के कार्यों को आज़ाद निरन्तर चलाते रहे। बम के कुछ कारखाने अभी भी चल रहे थे, किन्तु दल के अनेक प्रमुख सदस्य गिरफ्तार हो चुके थे। ऐसे समय में चुप होकर बैठ जाना आज़ाद ने सीखा नहीं था। अतः धनाभाव की पूर्ति के लिए 6 जून, 1930 को दिल्ली की एक मोटर कम्पनी में डाका डाला गया। यह डकैती गाडोदिया स्टोर के नाम से जानी जाती है। इस डकैती का नेतृत्व चन्द्रशेखर आज़ाद ने स्वयं किया था। उनके अतिरिक्त इसमें दल के अन्य सदस्य, काशीराम, धन्वन्तरित तथा विद्याभूषण आदि भी उनके साथ गए थे। इसी डकैती में तेरह हजार रुपये हाथ लगे थे।

इस डकैती का सुखद आश्चर्यजनक पहलू यह है कि इस स्टोर के मालिक को जब यह ज्ञात हुआ कि डकैती क्रान्तिकारियों द्वारा डाली गई, तो उसने खोज-बीने के लिए मामले को फिर आगे नहीं बढ़ाया। इस डकैती का पता लाहौर-काण्ड में मुखबिर बने दल के ही सदस्य कैलाशपति के बयानों के बाद चला।

काकोरी काण्ड

हर सम्भव प्रयत्न करने पर भी क्रान्तिकारी दल के पास धन की कमी रहती थी। इससे दल के कार्यक्रम सुचारु रूप से नहीं चल सकते थे। अतः दल ने कोई बड़ा कदम उठाने का निश्चय किया। इस विषय में पंडित रामप्रसाद बिस्मिल ने अपनी आत्मकथा में लिखा है-

इस समय समिति की आर्थिक स्थिति बड़ी खराब थी। रुपये का प्रबन्ध करना नितान्त आवश्यक था। किन्तु वह हो कैसे? दान कोई देता न था, कर्ज भी न मिलता था और कोई उपाय ने देख डाका डालना तय हुआ। किन्तु किसी व्यक्ति विशेष की सम्पत्ति पर डाका डालना हमें अभीष्ट न था। सोचा, यदि लूटना है तो सरकारी माल क्यों न लूटा जाए? इस उधेड़बुन में एक दिन मैं रेल में जा रहा था। गार्ड के डिब्बे के पास की गाड़ी में बैठा था। स्टेशन मास्टर एक थैली लाया और गार्ड के डिब्बे में डाल गया। कुछ खटपट की आवाज हुई और मैंने उतरकर देखा कि एक लोहे का सन्दूक रखा है। मैंने विचार किया कि इसी में थैली डाली गयी होगी। अगले स्टेशन पर उसमें थैली डालते भी देखा। अनुमान किया कि डिब्बे में लोहे का सन्दूक जंजीरों से बँधा रहता होगा, ताला पड़ा रहता होगा, आवश्यकता होने पर ताला खोलकर उतार लेते होंगे। इसके थोड़े दिनों बाद लखनऊ स्टेशन पर जाने का अवसर प्राप्त हुआ। देखा, एक गाड़ी में से कुली लोहे के आमदनी वाले सन्दूक उतार रहे हैं। निरीक्षण करने से मालूम हुआ कि उनमें जंजीर-ताला कुछ नहीं पड़ता, यों ही रखे जाते हैं। उसी समय निश्चय किया कि इसी पर हाथ मारूँगा। उसी समय धुन सवार हुई। तुरन्त स्थान पर जाकर टाइम टेबल देखकर अनुमान किया कि सहारनपुर से गाड़ी चलती है, लखनऊ तक अवश्य रोज दस हजार रुपये की आमदनी होती होगी।"

स्पष्ट है कि यह योजना पंडित रामप्रसाद बिस्मिल के मस्तिष्क की उपज थी। अतः इसके लिए 9 अगस्त, 1925 का दिन निश्चित किया गया। इसके लिए दल के दस युवकों का चुनाव किया गया– पण्डित रामप्रसाद बिस्मिल, अशफाकउल्ला खाँ, राजेन्द्रनाथ लाहिड़ी, चन्द्रशेखर आज़ाद, मन्मथनाथ गुप्त, बनवारीलाल, शचीन्द्रनाथ बक्शी, मुरारीलाल, केशव चक्रवर्ती तथा मुकुन्दीलाल।

8 डाउन पैसेंजर गाड़ी सहारनपुर से चलती थी तथा इसमें सभी स्टेशनों को राजस्व इकट्ठा होकर लखनऊ पहुँचता था। अतः निश्चित समय पर ये वीर अपने अभियान पर चल पड़े। इस विषय में मन्मथनाथ गुप्त लिखते हैं– "हम लोग 9 तारीख को संध्या समय शाहजहाँपुर से हथियार, छेनी, घन, हथौड़े आदि से लैस होकर गाड़ी पर सवार हो गए। इस गाड़ी में रेल के खजाने के अतिरिक्त कोई और खजाना भी जा रहा था जिसके साथ बन्दूकों का पहरा था। इसके अतिरिक्त गाड़ी में कई और बन्दूकें थीं। कुछ पल्टनियाँ गोरे भी हथियार सहित मौजूद थे जिसमें शायद एक मेजर भी ऊँचे क्लास में था। हमारे स्काउट ने खबर दी, तब हम असमंजस में पड़ गए। श्री अशफाक ने शायद अपना निषेध फिर से लोगों के मस्तिष्क में प्रविष्ट कराने की चेष्टा की, किन्तु हम लोग तुल चुके थे। हम इतने अग्रसर हो चुके थे कि हमारा लौटना कठिन था और हम लौटना भी नहीं चाहते थे। एक महत्वपूर्ण बात यह थी कि यों तो अशफाक मना कर रहे थे, किन्तु जब उन्होंने देखा कि उनकी एक न चली और हम लोग काम करने पर तुले हैं तो उन्होंने कमर कस ली। उनकी सुन्दर बड़ी-बड़ी आँखें तेज से दीप्त हो उठी और अपना पार्ट अदा करने के लिए अत्यन्त साहस तथा हर्षपूर्वक प्रस्तुत हो गए।"

श्री अशफाकउल्ला, राजेन्द्र लाहिड़ी तथा शचीन्द्रनाथ बक्शी द्वितीय श्रेणी के डिब्बे में यात्रा कर रहे थे, अन्य लोग तृतीय श्रेणी में बैठे थे। कुछ सदस्यों को द्वितीय श्रेणी के डिब्बे में एक विशेष उद्देश्य से बैठाया गया था। गाड़ी को काकोरी में जंजीर खींचकर रोकना था, किन्तु तृतीय श्रेणी के डिब्बे में जंजीरें प्रायः खराब रहती थीं।

इस दल के पास चार नए माउजर पिस्तौल, प्रत्येक के लिए पचास से कुछ अधिक कारतूस तथा अन्य छोटे-मोटे हथियार थे। काकोरी लखनऊ जिले में एक छोटा-सा गाँव है। जब यह जगह थोड़ी ही दूर रह गई थी, तो जंजीर खींचकर गाड़ी रोक दी गयी। गाड़ी के रुकने पर यात्री उतरकर गार्ड के डिब्बे के पास जाने लगे, कुछ खिड़कियों से सिर बाहर निकालने लगे और फिर गार्ड भी नीचे उतर आया और उस डिब्बे की ओर जाने लगा, जहाँ से जंजीर खींची गई थी। क्रान्तिकारी तुरन्त डिब्बों से उतर आए। उन्होंने यात्रियों को डिब्बों में चढ़ जाने का आदेश

दिया, किन्तु गार्ड को जमीन पर लेट जाने को कहा गया, ताकि उसके बिना गाड़ी न जा सके। दो-दो व्यक्ति पटरी के दोनों ओर कुछ दूरी पर खड़े हो गए, उनके हाथों में माउजर पिस्तौलें थीं, जो एक-एक हजार गज तक मार कर सकती थीं। उन्हें रुक-रुककर आकाश की ओर हवाई फायर करने को कहा गया था, किन्तु एक युवक ने मूर्खता से सामने की ओर गोली चला दी, वह गोली एक यात्री का काम तमाम कर गई। वह व्यक्ति सम्भवतः महिला बोगी में बैठी हुई अपनी पत्नी को सान्त्वना देने जा रहा था।

दल के शेष सदस्य गार्ड के डिब्बे में चढ़ गए। लोहे का सन्दूक बाहर उतार लिया गया। सन्दूक तोड़ डाला गया, उसमें से निकले थैलों को चादरों से गठरी बना ली गई। इसी समय लखनऊ की ओर से कोई दूसरी मेल या एक्सप्रेस गाड़ी भी आ रही थी। इसमें क्रान्तिकारियों को कुछ शंका भी हुई कि वह कहीं रुक न जाए और उसमें कुछ सशस्त्र लोग न हों। इस घटना का विवरण श्री मन्मथनाथ गुप्त ने इस प्रकार किया है–

"थैले निकालकर चादर में बाँध लिए गए। इसी समय लखनऊ की ओर से कोई मेल या एक्सप्रेस ट्रेन आ रही थी। वह गाड़ी बड़ी जोर से गुजरती हुई चली आ रही थी। हमारे दिल धड़क रहे थे। हम सोचते थे कि कहीं यह गाड़ी खड़ी हो गई और उसमें कुछ लोग हथियारबन्द निकल आए, तो हममें से दो-चार अवश्य ढेर हो जाएँगे। खैर, गाड़ी किसी तरह निकल गई। जब गाड़ी हमारे निकट से जा रही थी, तो हमने बन्दूकें जरा छिपा लीं और जब गाड़ी चली गई तो हम लोगों ने अपना कार्य प्रारम्भ कर दिया। हम लोगों ने बहुत शीघ्र शायद दस मिनट से भी कम समय में यह सब काम समाप्त कर दिया और थैलों को लेकर झाड़ियों की ओर चले गए।"

इस लूट के बाद क्रान्तिकारी लखनऊ की ओर चले गए। रास्ते में रुपये निकालकर चमड़े के थैलों को बरसात के पानी में डाल दिया गया और फिर सभी लखनऊ पहुँच गए। इस डकैती में युवकों के इस दल को किसी प्रकार के विरोध का सामना नहीं करना पड़ा। जबकि गाड़ी में चौदह व्यक्ति ऐसे थे, जिनके पास हथियार भी थे। दो सशस्त्र गोरे सैनिक

भी थे। गाड़ी का ड्राइवर तथा इंजीनियर डरकर शौचालय में जा छिपे थे। यात्रियों से पहले ही कह दिया गया था कि वे निश्चिंत रहें, उन्हें कोई कुछ नहीं कहेगा; केवल सरकारी खजाना लूटा जाएगा। अतः वे शान्ति से बैठे रहें। गाड़ी में बैठे लोगों ने यह समझ लिया था कि गाड़ी को बहुत अधिक लोगों ने घेर लिया है, जबकि यह काम केवल दस युवकों का था, जिनमें से अधिकतर सदस्यों की उम्र बाईस वर्ष के आस-पास थी। हाँ, इन सभी युवकों का शरीर स्वस्थ तथा सुदृढ़ अवश्य था।

इस डकैती की सफलता से एक ओर जहाँ दल को कर्जों से मुक्ति मिली, वहीं दूसरी ओर युवकों का साहस भी बढ़ गया। साथ ही नए हथियार भी खरीदे गए और आगे की योजना भी बनने लगी।

गिरफ्तारियों का सिलसिला

काकोरी काण्ड सरकार के लिए खुली चेतावनी के समान था। शीघ्र ही पुलिस सक्रिय हो गई। जगह-जगह छापे मारे जाने लगे, तलाशियाँ ली जाने लगीं। गुप्तचर विभाग भी अपने स्तर से इसकी खोज में जुट गया। शीघ्र ही चालीस व्यक्ति गिरफ्तार कर लिए गए, जबकि डकैती में केवल दस ही लोगों ने भाग लिया था। ऐसे लोगों को भी गिरफ्तार कर लिया गया, जिनका इस मामले से कभी कोई सम्बन्ध नहीं था। इस प्रकार के लोगों को बाद में छोड़ दिया गया।

शाहजहाँपुर के बनवारीलाल तथा इन्दुभूषण मित्र तथा कानपुर के गोपीमोहन भी गिरफ्तार किए गए थे, किन्तु इनमें से प्रथम दो व्यक्ति मुखबिर बन गए तथा गोपीमोहन साहा ने सरकारी गवाह बनना स्वीकार कर लिया। इस डकैती में भाग लेने वाला बनवारीलाल भी इकबाली गवाह बन गया। इन लोगों ने पुलिस को सब-कुछ बता दिया, केवल बनारस केन्द्र का कोई भी मुखबिर न मिल सका, अतः इस केन्द्र के बारे में पुलिस कुछ भी पता न लगा सकी।

इन चारों को छोड़कर शेष चौबीस व्यक्ति अभियुक्त सिद्ध किए गए। इक्कीस गिरफ्तार कर लिए गए तथा अशफ़ाकउल्ला खाँ, चन्द्रशेखर आज़ाद और शचीन्द्रनाथ बक्शी पुलिस के हाथ नहीं आए। इन्हें फरार घोषित कर दिया गया।

बाद में दामोदरस्वरूप सेठ गम्भीर रूप से अस्वस्थ होने के कारण छोड़ दिए गए। मथुरा-आगरा केन्द्र के शिवचरणलाल तथा उरई-कानपुर केन्द्र के वीरभद्र तिवारी पर से रहस्यमय अज्ञात कारणों से मुकद्दमा उठा लिया गया।

मुकद्दमा

शेष गिरफ्तार अभियुक्तों पर निम्नलिखित अभियोगों पर मुकद्दमा चला–

1. धारा 121 – ब्रिटेन के सम्राट के विरुद्ध युद्ध की घोषणा।
2. धारा 120 – अराजनीतिक षड्यन्त्र।
3. धारा 396 – कत्ल एवं डकैती।
4. धारा 302 – कत्ल।

इस मुकद्दमें में सरकार की ओर से पण्डित जगतनारायण मुल्ला पैरवी करते थे, जिन्हें पाँच सौ रुपये प्रतिदिन मिलते थे। पण्डित गोविन्दवल्लभ पंत, बहादुरजी, चन्द्रभान गुप्त तथा मोहनलाल सक्सेना आदि अभियुक्तों के वकील थे। इस मुकद्दमें में सरकार की दस लाख रुपयों से अधिक की धन-राशि व्यय हुई।

श्री अशफ़ाकउल्ला खाँ और श्री शचीन्द्रनाथ बक्शी बाद में गिरफ्तार हुए, अतः उन पर मुकद्दमा भी अलग से चला।

सजाएँ

काकोरी काण्ड के इन दोनों मुकद्दमों में अभियुक्तों को निम्नलिखित सजाएँ मिलीं–

मृत्युदण्ड - पण्डित रामप्रसाद बिस्मिल, ठाकुर रोशनसिंह, राजेन्द्रनाथ लाहिड़ी तथा अशफ़ारकउल्ला खाँ।

कालापानी - शचीन्द्रनाथ सान्याल तथा शचीन्द्रनाथ बख्शी।

चौदह वर्ष की कैद - मन्मथनाथ गुप्त।

दस वर्ष की कैद - योगेशचन्द्र चटर्जी, मुकुन्दीलाल, गोविन्दचरण कार, राजकुमार सिंह तथा रामकृष्ण खत्री।

सात वर्ष की कैद - विष्णुशरण दुबलिश और सुरेश भट्टाचार्य ।

पाँच वर्ष की कैद - भूपेन्द्रनाथ सान्याल, प्रेमकृष्ण खन्ना तथा रामदुलारे द्विवेदी।

चार वर्ष की कैद - प्रणवेश चटर्जी

यद्यपि बनवारी लाल इकबाली गवाह बन गया था, फिर भी वह सजा पाने से बच नहीं सका। अदालत ने उसे भी पाँच वर्ष की सजा दी।

मन्मथनाथ गुप्त, योगेशचन्द्र चटर्जी, मुकुन्दीलाल, गोविन्दचरण कार, विष्णुशरण दुबलिश तथा सुरेश भट्टाचार्य के विरुद्ध सरकार ने फिर अपील की। इन छः अभियुक्तों में से योगेशचन्द्र चटर्जी, मुकुन्दीलाल तथा गोविन्दचरण कार को पहले दस वर्ष की कैद की सजा मिली थी, बाद में इनकी सजा भी बढ़ाकर कालेपानी में बदल दी गई तथा सात साल कैद की सजा पाने वाले विष्णुशरण दुबलिश और सुरेश चट्टाचार्य की सजा बढ़ाकर दस वर्ष कर दी गई। उम्र कम होने के कारण मन्मथनाथ गुप्त की सजा पूर्ववत् रही।

फैसले के बाद

इस फैसले के विरोध में सारे देश ने आवाज उठाई। फाँसी की सजा रद्द कराने के लिए देशभर में आन्दोलन हुए। केन्द्रीय असेम्बली के सदस्यों ने हस्ताक्षर अभियान चलाकर वाइसराय के पास दया की अपील की। दो बार फाँसी की तारीखें टलवाई गईं। प्रिवीपरिषद् में भी अपील की गई, परन्तु परिणाम शून्य रहा। अन्ततः अंग्रेजी सरकार ने अपनी क्रूरता का परिचय दे ही दिया; 17 दिसम्बर, 1927 को राजेन्द्र लाहिड़ी को गोंडा जेल में तथा 19 दिसम्बर को रामप्रसाद बिस्मिल को गोरखपुर जेल में, इसी दिन अशफ़ाकउल्ला खाँ को फैजाबाद जेल में और 18 दिसम्बर को इलाहाबाद जेल में ठा. रोशनसिंह को फाँसी दे दी गई।

इस प्रकार यह दल छिन्न-भिन्न हो गया। केवल चन्द्रशेखर आज़ाद ही पुलिस के हाथ नहीं आ सके। इसके साथ ही उनके क्रान्तिकारी जीवन का पूर्वार्द्ध समाप्त हो गया।

चतुर्थ अध्याय

मध्यान्तर काल

काकोरी काण्ड के बाद चन्द्रशेखर आज़ाद ही ऐसे व्यक्ति थे, जिन्हें लाख प्रयत्न करने पर भी पुलिस गिरफ्तार नहीं कर सकी। काकोरी काण्ड के फैसले तक दल के लोगों को भी मालूम नहीं था कि आज़ाद कहाँ हैं। श्री मन्मथनाथ गुप्त के अनुसार इस काण्ड के बाद वह दल के लोगों से अपने घर जाने के लिए कहकर गए थे, किन्तु दल के लोगों को भी मालूम नहीं था कि उनका घर उन्नाव था अथवा भाभरा।

इस काण्ड में उनके सभी साथी गिरफ्तार हो चुके थे। किन्तु आज़ाद को खोजने के लिए पुलिस ने कुएँ, तालाब आदि भी छान मारे। इस विषय में डॉ. भगवानदास माहौर ने लिखा है–

"प्रबल पराक्रमी अंग्रेज सरकार ने उन्हें गिरफ्तार करने की चेष्टा में कोई कसर उठा न रखी। आज़ाद पर कई हजार रुपयों का इनाम घोषित हो चुका था। जैसा कि कहते हैं; सारे कुओं में खोज हो चुकी थी, नदियों में गोता लगाया गया और खोहों में तलाशा गया। पर आज़ाद रुद्रनारायण के साथ परम शान्ति में निवास कर रहे थे।"

इस मध्य उनका निवास-स्थान झाँसी और उसके आस-पास का क्षेत्र ही था। इन दिनों झाँसी स्थित दल का केन्द्र ही उनके छिपने की जगह थी। ऐसी स्थिति में कुछ दिनों तक शान्त बने रहना आवश्यक था। काकोरी काण्ड के बाद से भगतसिंह के साथ नए दल के संगठन तक का समय आज़ाद के क्रान्तिकारी जीवन का मध्यान्तर काल कहा जा सकता है। इस काल में उनकी निम्नलिखित गतिविधियाँ रहीं-

झाँसी में

फरारी की अवस्था में सर्वप्रथम वे झाँसी पहुँचे। यहाँ उन्होंने मोटर ड्राइविंग तथा मैकेनिक का काम सीखा और बुन्देलखण्ड मोटर कम्पनी में काम किया। यहाँ काम करते समय एक बार उनके साथ एक दुर्घटना भी हो गई। एक कार चालू नहीं हो रही थी, कोई भी व्यक्ति उसका हैण्डिल नहीं घुमा पा रहा था। आज़ाद ने इसे चालू करने के लिए इतनी जोर से हैण्डिल घुमाया कि उनके हाथ की हड्डी उखड़ गई। उन्हें तुरन्त अस्पताल ले जाया गया। इसका ऑपरेशन करने के लिए क्लोरोफार्म सुँघाकर बेहोश करना आवश्यक था, किन्तु डॉक्टरों की इस राय से आज़ाद घबरा गए, क्योंकि उन्होंने सुन रखा था कि बेहोशी की हालत में कभी-कभी व्यक्ति अपनी गोपनीय बातें भी बता देता है। अतः आज़ाद बिना बेहोश हुए ही ऑपरेशन कराने को तैयार हो गए, किन्तु डॉक्टरों ने उनकी यह बात नहीं मानी। आज़ाद ऑपरेशन-टेबल से उतर पड़े। तब उनके मित्रों ने किसी तरह बेहोश किए जाने के लिए राजी किया।

सम्भवतः बेहोशी की हालत में उनके मुँह से कोई ऐसी बात निकल गई, जिससे उनके क्रान्तिकारी होने का पता डॉक्टर को लग गया था। ऑपरेशन के बाद डॉक्टर उनके साथ बड़े सम्मान से बातें कर रहा था। अस्पताल से छुट्टी देते समय डॉक्टर ने उनसे कहा–"अब आपका हाथ ठीक हो गया है। कोई चिन्ता न करिए। मुझे आशा है, आप अपने हाथों का इस्तेमाल देश के लिए वीरता के साथ करेंगे।"

झाँसी में आज़ाद मास्टर रुद्रनारायण के छोटे भाई बनकर रहे थे। डॉ. माहौर के अनुसार पुलिस ने कई बार रुद्रनारायण के घर पर छापे भी मारे थे, आज़ाद को सामने देखकर भी वे उन्हें गिरफ्तार नहीं कर पाये, क्योंकि उनके साथी आज़ाद का व्यवहार इस प्रकार का होता था कि पुलिस कल्पना नहीं कर सकती थी कि वही आज़ाद होंगे और पुलिस के पास उनका कोई फोटोग्राफ था नहीं, जो उन्हें पहचान पाती–

"बार-बार रुद्रनारायण के घर की तलाशी हुई, पर बिल्कुल खुले रूप में रहने वाले आज़ाद गिरफ्तार नहीं किए जा सके। आज़ाद आए हुए पुलिसवालों और उनके अफसरों से मजाक करते रहे और बदमाश आज़ाद की चालाकियों के विषय में उनकी कहानियाँ सुनते रहे। जब पुलिस वाले

चले जाते, तो आज़ाद हँसकर हमसे कहते– ये साले मुझे हौवा और जादूगर बनाए हुए हैं, ये बड़े मामूली लोग हैं। ये एक मजिस्ट्रेट के सामने गुलाम की तरह खड़े रहते हैं। अब उस कुमुदीसिंह को लो, जो यह कह रहा था– क्रान्तिकारी लोग बड़े परिवारों में से होते हैं। अब अशफ़ाकउल्ला को लो, तो उसे डिप्टी मजिस्ट्रेट समझा जा सकता है।"

झाँसी में रहकर मोटर कम्पनी के कार्य के अतिरिक्त वे जंगलों में जाकर निशाना लगाने का अभ्यास करते रहते थे। इन दिनों भगवानदास माहौर से निरन्तर उसका सम्पर्क बना रहा।

साधु वेश में

इसके बाद आज़ाद धीमरपुर गाँव के बाहर एक कुटिया बनाकर साधु वेश में रहने लगे। उन्हें ऐसा करने का परामर्श रुद्रनारायण ने ही दिया था। यहाँ वे लोगों को रामचरित मानस की चौपाइयाँ सुनाते थे। आरम्भ में लोग उन्हें भोजन का सामान कुटिया में ही दे जाते थे, किन्तु बाद में आज़ाद श्रद्धालु लोगों के घर ही जाकर भोजन करने लगे थे। यहाँ उन्होंने छोटे बच्चों को पढ़ाने के लिए एक पाठशाला भी खोली। पहले विद्यालय खुले आसमान के नीचे लगता था, परन्तु बाद में गाँव के ही एक धनवान व्यक्ति ठाकुर मलखानसिंह ने इस कार्य के लिए अपने घर की बैठक दे दी थी। बाद में आज़ाद, जो उन दिनों ब्रह्मचारी के नाम से जाने जाते थे, ठाकुर मलखानसिंह के ही घर में रहने लगे, क्योंकि मलखानसिंह तथा उनके तीन भाई नौकरी करते थे और घर से बाहर ही रहते थे। पुरुष सदस्य के घर में रहने से घर की सुरक्षा हो जाती थी। आज़ाद वस्तुतः घर के सदस्य जैसे ही बन गए।

नरेशों के सम्पर्क में

इस अवधि में उनका कई राजाओं एवं जमींदारों से भी सम्पर्क हुआ था। एक बार ओरछा के राजा अपने दीवान आदि के साथ जंगल में शिकार खेलने के लिए जा रहे थे, तब उनकी साधु वेशधारी आज़ाद से भेंट हुई थी। राजा साहब को शिकार के लिए जाते देख आज़ाद ने भी उनके साथ चलने की इच्छा व्यक्त की। राजा को इससे बड़ा आश्चर्य

हुआ कि एक साधु शिकार करने की इच्छा व्यक्त की। इस पर आज़ाद ने अपने-आपको केवल एक पुजारी बताया था। अतः एक बन्दूक उन्हें भी दे दी गई। इस पर राजा साहब तथा उनके कर्मचारियों को हँसी भी आई। शिकार करते समय सभी लोग अपने-अपने स्थानों पर जम गए। एक तगड़ा बनैला सुअर था। राजा तथा उनके सभी कर्मचारियों ने उस पर गोलियाँ चलाईं, परन्तु सभी के निशाने चूक गए, फिर सबके अन्त में आज़ाद ने निशाना लगाया, उनकी पहली ही गोली से सुअर धराशायी हो गया। इस घटना के बाद राजा साहब को पक्का विश्वास हो गया कि वह साधु या पुजारी न होकर कोई क्रान्तिकारी है। राजा साहब स्वयं भी स्वतंत्रता सेनानियों से सहानुभूति रखते थे। यह परिचय मित्रता में बदल गया। काफी दिनों बाद आज़ाद ने उन्हें अपनी वास्तविकता बतायी।

एक बार बड़े लाट साहब ओरछा आने वाले थे। आज़ाद ने राजा के पास सूचना भिजवाई कि इस अवसर पर वह लाट साहब का स्वागत अपने ढंग से करना चाहते थे। राजा साहब ने आज़ाद से निवेदन किया था कि लाट साहब राज्य के अतिथि बनकर आ रहे थे, अतः वह (आज़ाद) ऐसा कुछ न करें।

यह भी कहा जाता है कि बाद में यही राजा साहब अपने एक मुँह लगे नौकर के बहकावे में आज़ाद को पकड़वाने के लिए सहमत हो गए थे। जब उनके तथा इस नौकर के बीच इस योजना पर बात हो रही थी, आज़ाद उस समय वहाँ पर सो रहे थे। राजा को शक न हो, इसलिए वह जोर-जोर से खर्राटें ले रहे थे। इसके तुरन्त बाद मौका मिलते ही वे वहाँ से भाग गए।

मास्टर रुद्रनारायण ने ही आज़ाद को साधुवेश में रहने का परामर्श दिया था। उन्हीं के सहयोग से आज़ाद का सम्पर्क राजा साहब खानियाधाना से भी हुआ था। आज़ाद पहले उनके यहाँ एक अच्छे मोटर-मैकेनिक के रूप में गए थे। बाद में राजा साहब को उन्होंने बताया था कि वह एक क्रान्तिकारी हैं। मार्च, 1928 में राजा साहब ने उन्हें यह आश्वसान भी दिया था कि वह दल के कार्यों के लिए कुछ हथियार भी देंगे।

इस समय भगवानदास माहौर भी आज़ाद के साथ ही रहते थे। राजा कालकाजी सिंहदेव के आज़ाद पक्के विश्वासपात्र बन गए थे। यहाँ रह

कर वह ड्राइविंग तथा शिकार का अभ्यास भी करते रहते थे। राजा साहब उनके साथ शिकार खेलने भी जाते रहते थे। राजा साहब की उनके साथ इस घनिष्ठता से उनके कर्मचारी तथा रिश्तेदार ईर्ष्या करने लगे, अतः आज़ाद ने खनियाधाना छोड़ दिया।

बम्बई में

कुछ पुस्तकों में वर्णन मिलता है कि आज़ाद बुन्देलखण्ड के बाद फिर बम्बई चले गए थे और वहाँ उन्होंने बन्दरगाह में कुली का काम किया। दिन भर में जहाजों में माल चढ़ाने या उतारने का काम करते थे, जिसके लिए शाम को नौ आने मजदूरी मिलती थी। रात में बारह बजे तक पिक्चर देखते तथा फिर किसी गोदाम में या फुटपाथ पर सो जाते थे। यह क्रम लगभग डेढ़ वर्ष तक चला।

यहाँ उन्होंने वीर सावरकर से भी भेंट की थी। सावरकर ने उन्हें क्रान्तिपथ की कठिनाइयों से अवगत कराया और इनसे भयभीत न होने का परामर्श दिया, उससे आज़ाद को एक नई प्रेरणा मिली और वे नए सिरे से दल का संगठन करने के लिए बम्बई से उत्तर की ओर चल पड़े।

पंचम अध्याय

नई सुबह दल का पुनर्गठन

काकोरी-काण्ड 'हिन्दुस्तान रिपब्लिकन एसोसिएशन' के लिए अभिशाप सिद्ध हुआ। दल के सभी प्रमुख सदस्य पकड़े गए। उनमें चार को फाँसी की सजा सुनाई गई तथा शेष सदस्यों को लम्बी कैद की सजाएँ हुईं। केवल चन्द्रशेखर आज़ाद ही बचे रहे। उनके सामने दल को पुनर्गठित करने की समस्या थी, वह इस कार्य के लिए जी-जान से जुट गए। सौभाग्य से उन्हें इसके लिए भगतसिंह जैसे साथी मिल गए। यहीं से उनके क्रान्तिकारी जीवन का उत्तरार्द्ध प्रारम्भ होता है।

भगतसिंह से भेंट

दल के पुनर्गठन के सिलसिले में आज़ाद कानपुर पहुँचे। यहाँ वे प्रसिद्ध स्वतन्त्रता सेनानी, पत्रकार एवं समाजसुधारक गणेशशंकर विद्यार्थी के पास ठहरे। भगतसिंह भी यहाँ आए हुए थे। यहीं इन दोनों की पहली बार भेंट हुई। इस भेंट का वर्णन करते हुए श्री यशपाल ने 'सिंहावलोकन' में लिखा है–

"आज़ाद ज्यों ही अन्दर वाले कमरे में आए, उन्होंने विद्यार्थीजी के निकट एक अपरिचित, किन्तु तेजेस्वी नवयुवक को बैठे देखा। उसे देखकर आज़ाद क्षण-भर के लिए ठिठक गए। वह नवयुवक लम्बे कद और छरहरे बदन का था। रंग गोरा था, आँखें छोटी-छोटी थीं। उसके चेहरे पर विलक्षणता का भाव था, उसने सिर के ढीले केशों पर लटकती-सी पगड़ी बाँध रखी थी और उसके शरीर पर कोट और लुंगी थी। आज़ाद को उसने आकर्षित किया।"

"आइए पंडितजी!" आज़ाद को संकोच में देखकर विद्यार्थीजी ने तपाक से कहा।

कार्यव्यस्त नवयुवक ने दृष्टि ऊपर उठाकर देखा। पंडितजी के रूप में उसे भव्य व्यक्तित्वधारी रोबीले नवयुवक के दर्शन हुए।

इसके बाद इन दोनों का परस्पर परिचय हुआ। दोनों के विचार समान थे। दोनों एक-दूसरे से प्रभावित हुए। उनकी यह पहली मुलाकात जीवन भर की मित्रता में बदल गई। यह एक ऐतिहासिक मुलाकात थी। मातृभूमि के दो दीवानों का एक अटूट मिलन था, जिन्होंने भावी इतिहास में भारत की स्वतन्त्रता के लिए कन्धे-से-कन्धा मिलाकर कार्य किया और एक नए इतिहास की रचना की। वीर चन्द्रशेखर आज़ाद के इस जीवन का उत्तरार्ध वस्तुतः भगतसिंह के मिलन के बाद ही प्रारम्भ हुआ।

नया दल हिन्दुस्तान समाजवादी गणतन्त्र सेना

चन्द्रशेखर आज़ाद, भगतसिंह तथा उनके अन्य साथी नए क्रान्तिकारी दल के संगठन में लग गए। इसके लिए उत्तर भारत के सभी राज्यों में क्रान्तिकारी दलों से सम्पर्क स्थापित किया गया। शिव वर्मा इसके लिए बंगाल गए और वहाँ के क्रान्तिकारियों से मिले। उन्होंने इन क्रान्तिकारियों से नए दल में सहयोग देने का निवेदन किया, किन्तु बंगाल के क्रान्तिकारी इस दल में शामिल होने के लिए कुछ शर्तें रखना चाहते थे। इनमें पहली शर्त यह थी कि नए दल में सम्मिलित होने वाले सभी राज्यों के सदस्यों को बंगाल के दल के नेता के अधीन काम करना होगा तथा उसकी हर बात मानने के लिए बाध्य होंगे। दूसरी शर्त यह थी कि नया दल अभी केवल सदस्यों की भर्ती करेगा, हथियारों तथा धन का संग्रह करेगा और कोई भी ऐसा कार्य नहीं करेगा, जिससे सरकार का ध्यान आकर्षित होता हो। नया दल बनाने के इच्छुक युवकों को ये शर्तें स्वीकार नहीं थीं। ये लोग दल में इस प्रकार की व्यक्तिगत तानाशाही के विरुद्ध थे। सभी राज्यों के दलों को मिलाना भले ही इनका उद्देश्य था, परन्तु ये नये दल का संगठन प्रजातान्त्रिक आधार पर करना चाहते थे। बंगाल का यह दल अपना 'एकाधिकार' तो चाहता था, किन्तु उनका स्वयं अपना अनुशासन अथवा जनता पर प्रभाव नहीं के बराबर था। शिव वर्मा जब इनसे सम्पर्क

करने बंगाल गए, तो ये लोग उनका वहाँ रात में रहने का प्रबन्ध भी नहीं कर पाए थे। अतः उनसे सहयोग की आशा छोड़ दी गई।

नए दल के गठन के लिए 8 दिसम्बर, 1928 को फिरोजशाह कोटला के किले के खण्डरों में क्रान्तिकारियों की एक बैठक हुई (यह तिथि विभिन्न पुस्तकों में अलग-अलग है, फिर भी अधिकतर पुस्तकों में यही तिथि है)। इसमें बंगाल को छोड़कर उत्तरी भारत के सभी राज्यों के प्रतिनिधियों ने भाग लिया। भगतसिंह एवं सुखदेव पंजाब राज्य के प्रतिनिधि थे, कुन्दनलाल राजस्थान के, शिव वर्मा, ब्रह्मदत्त मिश्र, जयदेव, विजयकुमार सिन्हा तथा सुरेन्द्र पाण्डे संयुक्त प्रान्त (उत्तर प्रदेश) के और फणीन्द्रनाथ घोष एवं मनमोहन बनर्जी बिहार राज्य के प्रतिनिधि थे। कुछ आज्ञात अपरिहार्य कारणों से चन्द्रशेखर आज़ाद इस बैठक में नहीं आ सके, किन्तु भगतसिंह और शिव वर्मा से उन्होंने पहले ही कह दिया था कि बैठक में बहुमत से जो भी निर्णय लिए जाएँगे, वे उन्हें मान्य होंगे।

अभी तक विभिन्न राज्यों के क्रान्तिकारी दलों के अपने अलग-अलग नाम थे। अतः सभी प्रान्तों के दलों को मिलाकर एक अखिल भारतीय नया दल बनाया गया। इस नये संगठन का नाम 'हिन्दुस्तान समाजवादी गणतान्त्रिक सेना' रखा गया। दल के सभी सदस्य नए थे। यों तो चन्द्रशेखर आज़ाद भी युवक ही थे, किन्तु इससे पूर्व वह 'हिन्दुस्तान रिपब्लिकन एसोसिएशन' में रामप्रसाद बिस्मिल आदि के साथ कार्य कर चुके थे, जिससे उन्हें हथियारों को चलाने आदि का अच्छा अनुभव था, जबकि अन्य नए लोग इस मामले में अनुभवहीन थे, अतः 'हिन्दुस्तान समाजवादी गणतन्त्र सेना' का प्रधान सेनापति-कमाण्डर-इन-चीफ उन्हीं को बनाया गया।

नए दल की केन्द्रीय समिति

इस नये संगठन की एक केन्द्रीय समिति बनायी गई, जिसमें प्रत्येक राज्य के प्रतिनिधि थे, जिनके नाम निम्नलिखित हैं-

1. भगतसिंह (पंजाब)
2. चन्द्रशेखर (संयुक्त प्रान्त)
3. सुखदेव (पंजाब)

4. शिव वर्मा (संयुक्त प्रान्त)
5. विजय कुमार (संयुक्त प्रान्त)
6. फणीन्द्रनाथ घोष (बिहार)
7. कुन्दनलाल (राजस्थान)

नए दल के गठन में यह स्पष्ट कर दिया गया कि दल पर किसी एक व्यक्ति का नियन्त्रण नहीं रहेगा। दल की सभी सम्पत्ति केन्द्रीय समिति के अधिकार में रहेगी। जो भी कार्य किया जाएगा, उस पर पहले केन्द्रीय समिति विचार करेगी। सभी निर्णय बहुमत के आधार पर लिए जाएँगे।

इस नए दल के नाम में समाजवादी शब्द विशेष अभिप्राय से जोड़ा गया जो इस बात का सूचक था कि यह मार्क्सवाद के समाजवादी सिद्धान्तों पर आधारित समाज की स्थापना करने के लिए प्रयत्नशील रहेगा और शोषण को मिटाएगा।

इस बैठक में इन बातों पर भी विचार हुआ कि दल सशस्त्र क्रान्ति द्वारा भारत की स्वतन्त्रता के लिए काम करेगा, जिसके लिए धन की आवश्यकता अनिवार्य रूप से होगी। क्योंकि यह एक गुप्त आन्दोलन था, अतः चन्दे से धन-संचय करना सम्भव नहीं था। इस समस्या के निराकरण के लिए डकैतियाँ डालना तय हुआ, साथ ही यह भी निश्चित हुआ कि डकैतियां जहाँ, तक हो सरकारी बैंकों, खजानों या डाकघरों में डाली जाएँ। जनता में डकैतियाँ डालने से दल उसकी सहानुभूति से वंचित हो जाता है, अतः ऐसा करना दल के लिए हानिकारक समझा गया।

दल का प्रान्तीय एवं अन्तःप्रान्तीय संगठन

इस बैठक में दल के प्रान्तीय एवं अन्तःप्रान्तीय संगठन पर भी विचार किया गया। भगतसिंह तथा विजयकुमार सिन्हा को दल का अन्तःप्रान्तीय उत्तरदायित्व दिया गया, ताकि विभिन्न राज्यों में दल की इकाइयों के परस्पर सम्बन्ध सुचारु रहें। इसके अतिरिक्त सभी प्रान्तों के संगठनकर्ता प्रतिनिधि भी बनाए गए। शिव वर्मा को संयुक्त प्रान्त का, सुखदेव को पंजाब का, फणीन्द्रनाथ घोष को बिहार का तथा कुन्दनलाल को राजपूताना का संगठनकर्ता प्रतिनिधि बनाया गया।

इस प्रकार चन्द्रशेखर आज़ाद को इस नए संगठन 'हिन्दुस्तान समाजवादी

गणतन्त्र सेना' का अध्यक्ष बनने का गौरव प्राप्त हुआ। यों देखा जाए तो इस संगठन के उद्देश्यों तथा पूर्व संगठन 'हिन्दुस्तान रिपब्लिकन एसोसिएशन' के उद्देश्यों में कोई विशेष अन्तर नहीं था, किन्तु पूर्व दल के नाम से उसके उद्देश्यों का परिचय नहीं मिलता था। इस सम्बन्ध में मन्मथनाथ गुप्त लिखते हैं–

"काकोरी युग में समिति का नाम 'हिन्दुस्तान रिपब्लिकन एसोसिएशन' था। यह नाम कम अर्थ व्यंजक समझा गया, यानी यह समझा गया कि इस नाम से दल का उद्देश्य पूर्णरूप से व्यक्त नहीं होता। इसलिए इसको और स्पष्ट करना चाहिए, तदनुसार दल का नाम 'हिन्दुस्तान रिपब्लिकन सोशलिस्ट आर्मी' यानी हिन्दुस्तान समाजवादी प्रजातान्त्रिक सेना रखा गया। संक्षेप में ऐसा इसलिए हुआ कि साधनों में विकास न होकर क्रान्तिकारी आन्दोलन के ध्येय में ही विकास होता रहा। उसी के अनुसार यह नाम बदल दिया गया। यह परिवर्तन सूचित करता है कि दल के ध्येय में और अधिक विकास हुआ। दल ने समाजवादी और मजदूर वर्ग के अधिनायकत्व को अपना ध्येय घोषित किया।"

पुलिस से आँख-मिचौली

काकोरी-काण्ड के बाद फरार हो जाने पर आज़ाद लगभग दो वर्ष से अपनी माँ से भी नहीं मिल पाए थे। उनके पिताजी का देहावसान हो चुका था। वृद्ध माँ भी कानपुर में आकर रहने लगी थीं। एकमात्र पुत्र के वियोग में वह तड़प रही थीं। उन्हें मालूम हो चुका था कि आज़ाद किसी डकैती के बाद फरार हो गए थे। उनके अन्य कई साथी या तो फाँसी की सजा पा चुके थे या उन्हें लम्बी-लम्बी कैद की सजाएँ मिल चुकी थीं। पकड़े जाने पर आज़ाद के लिए सजा निश्चित थी। एक दिन आज़ाद अपनी माँ से मिलने जा पहुँचे। इतने लम्बे समय बाद माँ-बेटे मिले थे। अभी कुछ ही देर हुई थी कि भगतसिंह तथा सुखदेव भी वहाँ पहुँच गए। भगतसिंह ने बताया कि उनके बारे में पुलिस को पता चल गया था अतः भाग चला जाए। किन्तु आज़ाद का तो काम ही खतरों से खेलना था। भरा हुआ पिस्तौल सदा उनके पास रहता था। वह पुलिस का सामना करने को तैयार हो गए। इस पर भगतसिंह ने उन्हें समझाया कि इस प्रकार का साहस उन्हें विपत्ति में डाल देगा, अतः सब भाग खड़े हुए।

इसी प्रकार एक बार वह कानपुर में 'प्रताप' के सम्पादक श्रीयुत गणेशशंकर विद्यार्थीजी के पास बैठे हुए थे। तभी उनको पता लगा कि पुलिस को उनकी यहाँ की उपस्थिति के विषय में पता चल गया था। अतः आज़ाद और उनका एक साथी अपनी माँ के निवास-स्थान पर चले गए। वहाँ भोजन करने के बाद दोनों साथी सो गए। इतने में आज़ाद के विद्यार्थीजी के पास से निकलते ही एक पुलिस अधिकारी अपने दलबल के साथ वहाँ पहुँच गया। आज़ाद वहाँ से पहले ही जा चुके थे। किसी ने पुलिस को बता दिया कि आज़ाद अपनी माँ के पास चले गए थे। पुलिस का दल वहीं पहुँच गया। दरवाजा अन्दर से बन्द था। पुलिस को बाहर आया देख दोनों साथी जाग पड़े। आज़ाद सामना करने को तैयार हो गए।

दोनों साथियों ने अपनी-अपनी पिस्तौलें निकाल लीं। पुलिस लगातार दरवाजा खटखटाए जा रही थी। पुलिस अधिकारी ने दरवाजा न खुलते देख दरवाजा तोड़ने का आदेश दे दिया। दरवाजा तोड़ा जाने लगा। एक किवाड़ के टूटते ही आज़ाद और उनका साथी पुलिस पर गोलियाँ चलाने लगे। जवाब में पुलिस भी गोली चलाने लगी, किन्तु दोनों साथी ओट से स्वयं को बचाते रहे। कई पुलिस वाले घायल हो गए। पुलिस अधिकारी क्रोधित हो गया। उसने सिपाहियों को अन्दर प्रवेश करने का आदेश दे दिया। दरवाजा टूट चुका था। बीसियों पुलिस वाले अपने हथियारों को ताने अन्दर जाने को तैयार हो गए। इधर आज़ाद और उनके साथी की पिस्तौलें खाली हो चुकी थीं। पुलिस वाले अन्दर घुसते, इससे पहले ही दोनों साथी मकान की छत पर चले गए, वहाँ से दूसरी छत पर कूद पड़े। उस मकान को पुलिस ने घेर लिया। पुलिस गोलियाँ चलाने लगी, दोनों क्रान्तिकारियों ने इसका जवाब छत पर रखी ईंटों से दिया। फिर उनका साथी शुक्ल अकेले ईंटें फेंकने लगा, आज़ाद एक के बाद दूसरी छत पर कूदते हुए लापता हो चुके थे। पुलिस धोखे में आ गई; उसने समझा था, दोनों साथी छत से ईंटें फेंक रहे हैं। इसी सनक में पुलिस शुक्ल पर गोलियाँ चलाती रही। आज़ाद के भागने की ओर किसी का ध्यान ही नहीं गया। पुलिस दल छत पर पहुँचा। वहाँ शुक्ल के मृत शरीर के

अतिरिक्त कुछ भी नहीं मिला। पुलिस देखती रह गई और आज़ाद वेश बदलकर स्टेशन पहुँचे और वहाँ से दिल्ली पहुँच गए।

पुलिस अधिकारी को जीवनदान

एक पुलिस अधिकारी तसद्दुक हुसैन विशेष रूप से चन्द्रशेखर आज़ाद की गिरफ्तारी के लिए नियुक्त किया गया था। वह पूरी कोशिशों से उनके विरुद्ध प्रमाण एकत्रित करने में जुटा था। आज़ाद इस बात से अपरिचित न थे। एक बार तो उनके मस्तिष्क में विचार आया कि उसका काम तमाम कर देना चाहिए, किन्तु फिर उन्होंने सोचा कि ऐसा करने से कुछ लाभ नहीं होगा। उसे मार दिए जाने पर कोई दूसरा व्यक्ति उस काम को करने लगेगा।

वह अधिकारी सदा उनके पीछे लगा रहता था। आज़ाद दिल्ली पहुँचे तो वह भी दिल्ली आ गया। वह साये के समान उनके साथ लग चुका था। अतः उसे सबक सिखाना जरूरी हो गया था। एक दिन उचित मौका देखकर आज़ाद स्वयं उसके पास पहुँच गए और उन्होंने अपना पिस्तौल उसके सीने पर रख दिया। तसद्दुक हुसैन को पसीना छूट गया। वह काँपने लगा। उसे आज़ाद के रूप में अपनी मौत सामने दिखाई देने लगी। वह घिघयाती आवाज में खुदा का वास्ता देकर माफी माँगने लगा और उसने कसम ली कि वह उनका पीछा करना छोड़ देगा। इस पर आज़ाद ने चेतावनी देकर उसे छोड़ दिया। इसके बाद उसने फिर कभी आज़ाद का पीछा नहीं किया।

इस प्रकार के साहसपूर्ण कार्य करने में आज़ाद को बड़ा आनन्द आता था। एक बार वह वेश बदलकर रेल से कानपुर आ रहे थे। पुलिस को इसकी सूचना मिल चुकी थी। पुलिस पूरी तरह तैयार थी। रेलवे स्टेशन चारों ओर से घेरा जा चुका था। प्लेटफार्म पर गुप्तचरों का जाल बिछा था। नियत समय पर लखनऊ से आई गाड़ी प्लेटफार्म पर रुकी। वेश बदले हुए आज़ाद डिब्बे से उतरे और निडर होकर गुप्तचरों के बीच से होते हुए गेट पर पहुँचे। वहाँ पर एक इंस्पेक्टर खड़ा था। वह कुछ करता इससे पहले ही उसने अपने हाथ जेबों में डाल लिए और आज़ाद के लिए रास्ता छोड़ दिया। मुस्कराते हुए आज़ाद गेट से बाहर निकल गए और पुलिस देखती रह गई।

काकोरी काण्ड के वीरों को छुड़ाने की योजना

'हिन्दुस्तान सोशलिस्ट रिपब्लिकन आर्मी' ने काकोरी काण्ड के वीरों को जेल से छुड़ाने की योजना बनाई। अपनी योजना को कार्यरूप देने के लिए चन्द्रशेखर आज़ाद, विजयकुमार सिन्हा, भगतसिंह, राजगुरु, बटुकेश्वर दत्त, शिव वर्मा, जयदेव आदि क्रान्तिकारी आगरा पहुँचे, किन्तु इन्हें इस कार्य में सफलता नहीं मिली। डॉ. भगवानदास माहौर भी इन्हें मुक्त कराने वाले दल में शामिल थे और तब वह एक विद्यार्थी ही थे। इस योजना की विफलता के विषय में डॉ. माहौर ने लिखा है–

"आगरा हम लोग इसलिए बुलाए गए थे कि श्री योगेशचन्द्र चटर्जी को जेल से छुड़ाना था। योजना थी, जब वह बाहर निकलें, तो धावा बोलकर छुड़ा लिया जाए, पर सफलता नहीं मिली। चटर्जी को जेल से दूसरी जेल भेजा जाना था, पर उस दिन नहीं भेजे गए।"

इसके बाद भी इस दल के दो-चार साथी आगरे में ही रहे, किन्तु फिर भी इस योजना में सफलता नहीं मिली। फलतः इन्हें भी बाद में निराश होकर वापस लौटना पड़ा।

इसी प्रकार पण्डित रामप्रसाद बिस्मिल को भी जेल से छुड़ाने की योजना बनी थी, किन्तु उन पर पुलिस का अत्यधिक कठोर पहरा था। परिणामस्वरूप इसमें भी असफलता ही हाथ लगी। दल के लोगों ने उनके विषय में जानने की बहुत कोशिश की थी। भगतसिंह उन्हें हर कीमत पर मुक्त कराना चाहते थे। इस संदर्भ में श्री शिव वर्मा ने लिखा है–

"दो-तीन दिन बाद विजय ने आकर बिस्मिल पर पुलिस की सख्ती और सतर्कता का वर्णन किया कि अभी हमें इस विचार को छोड़ना पड़ेगा, इस समाचार ने भगतसिंह के सारे ख्वाब तोड़ दिए। बहुत कोशिशों के बाद बिस्मिल की लिखी एक ग़ज़ल हाथ लगी।"

बिस्मिल काकोरी काण्ड के नेता थे, अतः फाँसी की सजा सुना दिए जाने के बाद भी उन पर पुलिस का पहरा सबसे अधिक कठोर था। उनके द्वारा बाहर भेजी जाने वाली तथा उनके पास आने वाली चीजों पर कड़ी निगरानी रखी जाती थी। उनके द्वारा लिखी गई इस ग़ज़ल को शायद जेल के अधिकारियों ने एक साधारण ग़ज़ल समझ लिया था; इसमें छिपे गूढ़ अर्थ को वे नहीं समझ पाए थे। यह ग़ज़ल निम्नलिखित हैं–

मिट गया जब मिटने वाला
फिर सलाम आया तो क्या।
दिल की बरबादी के बाद
उनका पयाम आया तो क्या।।

मिट गईं सारी उम्मीदें
मिट गए सारे खयाल।
उस घड़ी गर नामवर
लेकर पयाम आया तो क्या।।

ऐ दिल नादान मिट जा
अब तू कुचे यार में।
फिर मेरी नाकामियों के
बाद काम आया तो क्या।।

काश अपनी जिन्दगी में
हम वो मंजर देखते।
बरसरे तुरबत कोई
मशहर खराम आया तो क्या।।

आखिरी शब दीद के
काबिल थी बिस्मिल की तड़प।
सुबह दम कोई अगर
बाला ए नाम आया तो क्या।।

ग़ज़ल की इन पंक्तियों से स्पष्ट है कि इनके माध्यम में बिस्मिल ने अपने साथियों के पास संदेश भिजवाया था कि इस काण्ड में फाँसी की सजा पाए वीरों को मुक्त कराने के लिए शीघ्र प्रयत्न करें अन्यथा फाँसी हो जाने पर उन्हें निराशा ही हाथ लगेगी। यह प्रयत्न 1927 के आरम्भ में किए गए थे।

षष्ठ अध्याय

आरोह-अवरोह : नई कार्यवाहियाँ

'हिन्दुस्तान समाजवादी गणतांत्रिक सेना' का मुख्य उद्देश्य सशस्त्र क्रांति से भारत को स्वतन्त्र कराना था। अभी तक जितने भी कार्य किए गए थे, आज़ाद को उनसे विशेष सन्तोष नहीं हुआ था। वे कोई जोरदार धमाका करना चाहते थे, जिससे पूरे देश में एक हलचल मच जाए तथा अंग्रेज सरकार भयभीत हो जाए। संयोग से परिस्थितियाँ भी ऐसी ही उत्पन्न हो गईं जिनसे सारे देश का ध्यान इस दल की कार्यवाहियों पर केन्द्रित हो गया। लाहौर षड्यन्त्र, असेम्बली बम काण्ड, वाइसराय की ट्रेन पर बम फेंकने की घटना आदि इसी दल की कार्यवाहियाँ थीं।

साइमन कमीशन का आगमन

8 नवम्बर, 1927 को वाइसराय ने घोषणा की कि भारत में शासन सुधारों की जाँच करने के लिए इंग्लैंड से साइमन कमीशन भारत पहुँचने वाला था। इस कमीशन में कोई भी भारतीय सदस्य नहीं था। इसके अध्यक्ष सर जॉन साइमन थे, जो इंग्लैंड के एक प्रसिद्ध वकील थे। 3 फरवरी, 1928 को यह कमीशन भारत पहुँचा। देश में इन दिनों साम्प्रदायिकता का नग्न ताण्डव हो रहा था। इस कमीशन का भारत के सभी राजनीतिक दलों ने बहिष्कार करने का निश्चय किया। इसके भारत पहुँचने के दिन पूरे देश में हड़तालें की गईं। साइमन के बम्बई उतरते ही काले झण्डों तथा 'साइमन वापस जाओ' के नारों से उसका विरोध किया गया। कमीशन के दिल्ली आने पर यहाँ भी उसका ऐसा ही स्वागत हुआ। यही स्थिति मद्रास में भी रही, वहीं पुलिस को गोली भी चलानी

पड़ी, फलस्वरूप तीन प्रदर्शनकारियों की मृत्यु हो गई। कलकत्ता में भी विरोध हुआ।

'हिन्दुस्तान समाजवादी गणतांत्रिक सेना' की केन्द्रीय समिति ने साइमन कमीशन के लाहौर पहुँचने पर उस पर बम फेंककर अपना असंतोष प्रकट करने का निर्णय लिया था, किन्तु संगठन के पास धन की कमी होने पर ऐसा नहीं किया जा सका।

20 अक्तूबर, 1928 को यह कमीशन लाहौर पहुँचा। यहाँ इसका विरोध करने वाले प्रदर्शनकर्ताओं का नेतृत्व लाला लाजपतराय ने किया। प्रदर्शनकारियों में सबसे आगे 'नौजवान भारत सभा' के युवा सदस्य थे। 'नौजवान भारत सभा' की स्थापना भगतसिंह ने की थी। इस समय यह सभा 'हिन्दुस्तान समाजवादी गणतांत्रिक सेना' का ही एक अंग बन चुकी थी। इसके सदस्यों को निर्देश मिला था कि वे इस बहिष्कार में लाला लाजपतराय के नेतृत्व में काम करें।

कमीशन के पहुँचने की प्रतीक्षा में स्टेशन पर प्रदर्शनकारियों की विराट भीड़ खड़ी थी। लाहौर का पुलिस अधीक्षक स्काट अपने अन्य अधिकारियों तथा दल-बदल के साथ स्वयं वहाँ उपस्थित था। कमीशन को आसानी से बचाने के लिए उसने सहायक अधीक्षक साण्डर्स को नियुक्त किया तथा उसे निर्देश दिया कि यदि आवश्यक हो तो रास्ते से भीड़ को हटाने के लिए लाठीचार्ज किया जाए। साण्डर्स ने पहले भीड़ पर लाठियाँ चलाईं। प्रदर्शनकर्त्ता इधर-उधर हो गए। रास्ता खुल गया; किन्तु लाला लाजपतराय 'नौजवान भारत सभा' के सदस्यों के साथ अपने स्थान पर खड़े रहे। साण्डर्स ने यह बात स्काट को बताई तथा सिपाहियों को भीड़ को हटाने का आदेश दिया। भीड़ नहीं हटी। तब साण्डर्स डण्डा लेकर भीड़ पर टूट पड़ा। लालाजी के पीछे अपार भीड़ थी। सामने से लाठीचार्ज हो रहा था। नवयुवक लालाजी को घेरकर उनकी रक्षा कर रहे थे। तभी साण्डर्स की एक लाठी लालाजी की छाते पर पड़ी। छाता टूट गया। इसके बाद स्काट स्वयं भूखे भेड़िये की तरह प्रदर्शनकारियों पर टूट पड़ा। लालाजी के सिर, कंधे आदि पर लाठियाँ पड़ी, वे लहूलुहान हो गए। इस पर लालाजी ने कहा, "पुलिस की जालिमाना हरकत की मुख़ालफ़त में मुजाहिरे को मुअत्तिल कर दिया जाए।" अतः उनकी आज्ञा पर प्रदर्शन रोक दिया गया।

उसी शाम लाहौर, मोरीगेट के मैदान में पुलिस की इस बर्बर कार्यवाही के विरोध में एक सभा हुई। पुलिस उप-अधीक्षक नील भी वहीं खड़ा था। तब लालाजी ने अपने भाषण में कहा–

"जो सरकार निहत्थी जनता पर इस तरह के जालिमाना हमले करती है, उसे सभ्य सरकार नहीं कहा जा सकता और ऐसी सरकार कायम नहीं रह सकती। मैं चैलेंज करता हूँ कि इस सरकार की पुलिस ने मुझ पर जो वार किया है, वह एक दिन इस सरकार को ले डूबेगा। मैं घोषणा करता हूँ कि मुझ पर चोट पड़ी है, वह भारत में अंग्रेजी राज के कफ़न की आखिरी कील साबित होगी।"

इसके बाद लालाजी को अस्पताल ले जाया गया और वहीं इस घटना के 29वें दिन 17 नवम्बर, 1928 को चोटों के कारण उनकी मृत्यु हो गई।

लालाजी की मृत्यु पर सारा देश शोक के सागर में डूब गया। पुलिस की इस बर्बर हरकत की सर्वत्र निन्दा की गई। क्रान्तिकारी इसका बदला लेने के लिए अधीर हो उठे।

साण्डर्स की हत्या

लालाजी की मृत्यु के समय 'हिन्दुस्तान समाजवादी गणतांत्रिक सेना' के कुछ सदस्य लाहौर में विद्यमान थे। इसलिए वे इस हत्या का बदला लेने की योजना बनाने लगे। इस दल का कोई भी कार्य केन्द्रीय समिति के सदस्यों के बहुमत से लिए गए निर्णय के अनुसार किया जाता था। यद्यपि फणीन्द्रनाथ तथा शिव वर्मा लाहौर में नहीं थे, फिर भी अन्य सभी सदस्य इस योजना के पक्ष में थे। तुरन्त निर्णय लेना था और इन दो सदस्यों को इतनी जल्दी बुलाना सम्भव नहीं था, अतः दिसम्बर, 1928 के पहले सप्ताह में लाहौर के मजंग मोहल्ले के एक मकान में समिति की बैठक हुई और बदला लेना का निर्णय लिया गया।

योजना की रूपरेखा

लाहौर के पुलिस अधीक्षक स्काट को मार देने की योजना बनाई गई। इसको कार्यरूप देने के लिए चन्द्रशेखर आज़ाद, भगतसिंह, शिवराम,

राजगुरु तथा जयगोपाल इन चार युवकों का दल नियुक्त किया गया। कुछ दिन पहले से जयगोपाल को स्काट के आने-जाने का रास्ता देखने तथा उसकी गतिविधियों का निरीक्षण करने के लिए लगा दिया गया। जयगोपाल इस सबकी टोह लेने लगा।

निश्चित दिन 15 दिसम्बर, 1928 को जयगोपाल को पुलिस के कार्यालय पर कुछ देर पहले भेज दिया गया। वह साइकिल लेकर पहुँच गया। उसने साइकिल कार्यालय के गेट के सामने ऐसे खड़ी कर दी कि मानों उसमें कोई खराबी आ गई हो। भगतसिंह तथा राजगुरु द्वारा हत्या की जानी थी। चन्द्रशेखर आज़ाद गेट के सामने डी.ए.वी. कॉलेज की दीवार के भीतर छिपे हुए थे। उनको यह काम सौंपा गया था कि जब हत्या करने के बाद भगतसिंह तथा राजगुरु भागें, तो वे उनका पीछा करने वालों को रोकें। इस कार्य को करने में वे बड़े निपुण थे। सड़क पर साइकिल खड़ी करने का उद्देश्य यह था कि यदि शिकार पर गोली चूक जाए, तो साइकिल पर बैठकर उसका पीछा किया जा सके।

निश्चित समय पर सभी लोग अपने-अपने स्थानों पर पहुँच गए। यहाँ एक गलती यह हो गई कि जयगोपाल साण्डर्स को ही वास्तव में स्काट समझ बैठा था। जैसे ही साण्डर्स अपनी मोटर साइकिल पर बैठकर कार्यालय के गेट पर आया, जयगोपाल ने संकेत किया और राजगुरु ने तुरन्त गोली उसकी गर्दन पर दाग दी। साण्डर्स तत्काल मोटरसाइकिल सहित गिर पड़ा। इसके बाद कोई कसर न रहे, इसलिए तड़ातड़ चार-पाँच गोलियाँ भगतसिंह ने उसके सिर पर और मार दीं। काम खत्म होने पर दोनों डी.ए.वी. कॉलेज के अहाते की ओर बढ़े। इस पर कार्यालय के बरामदे में खड़ा एक सिपाही चिल्लाने लगा। तब ट्रैफिक इंस्पेक्टर फर्न तथा अन्य दो सिपाही उनका पीछा करने को भागे। भगतसिंह ने फर्न पर गोली चला दी। उसने अपने को झुककर बचा लिया, किन्तु इस प्रयत्न में वह गिर पड़ा, दूसरे सिपाही चौंके, किन्तु उन्होंने पीछा करना नहीं छोड़ा। इस पर आज़ाद ने अपना माउजर पिस्तौल तानकर उन्हें भाग जाने की चेतावनी दी। चाननसिंह कुछ अधिक ही वीरता दिखाना चाहता था; उसने पीछा करना नहीं छोड़ा। तब आज़ाद ने गोली चला दी, निशाना अचूक था, अतः वह भी हमेशा के लिए नीचे गिर पड़ा।

चाननसिंह के गिर पड़ने पर फिर किसी की पीछा करने की हिम्मत नहीं हुई। चन्द्रशेखर आज़ाद, भगतसिंह तथा राजगुरु डी.ए.वी. कॉलेज के छात्रावास में पहुँचे। वहाँ से चन्द्रशेखर आज़ाद और राजगुरु साइकिल पर बैठकर पिछले गेट से निकल गए। भगतसिंह कुछ देर बाद अपने एक साथी के कोट, पैण्ट, हैट तथा कुछ पैसे लेकर चल पड़े।

अब पुलिस पूरी तरह सर्तक हो चुकी थी। लाहौर की चारों ओर से नाकेबन्दी कर दी गई। ध्यान देने योग्य बात यह है कि जब भगतसिंह ने अपना पीछा करने वाले फर्न पर गोली चलाई थी, तो उन्हें दो सिपाहियों ने पहचान लिया था, अतः उनको शहर से निकलना कठिन था। इसी बात को ध्यान में रखकर उन्होंने अपने केश तथा दाढ़ी कटवा ली।

लाहौर से पलायन

लाहौर में एकत्रित दल के अन्य लोग शीघ्र एक-एक करके फिरोजपुर, अमृतसर आदि स्थानों को चले गए, किन्तु इन तीनों का निकलना इतना आसान नहीं था। अतः इसके लिए एक विशेष युक्ति का सहारा लिया गया। पहले ही लिखा जा चुका है कि भगतसिंह अब मोना बन गए थे, इसलिए लाहौर से बाहर निकलने के लिए एक नाटक़ करना पड़ा। इसमें प्रसिद्ध क्रान्तिकारी भगवतीचरण वर्मा की धर्मपत्नी दुर्गादेवी की सहायता ली गई, जो स्वयं भी एक क्रान्तिकारिणी तथा इस दल की सदस्या थीं। दल के सदस्य उन्हें दुर्गा भाभी कहते थे। दुर्गा भाभी गोरी मेम बनीं तथा भगतसिंह साहब बन गए तथा राजगुरु उनके नौकर। कलकत्ता मेल लाहौर से प्रातः छः बजे चलती थी। अतः तीनों उचित समय पर स्टेशन पर पहुँच गए। भगतसिंह ने अपने ओवर कोट का कॉलर खड़ा कर लिया था। जाड़े के दिन थे, अतः किसी को सन्देह नहीं हुआ। प्लेटफॉर्म पर इधर-उधर पुलिस-ही-पुलिस थी। भगतसिंह की गोद में दुर्गा भाभी का नन्हा बच्चा शची था। वह बच्चे की ओट में अपना चेहरा छिपाकर चल रहे थे। उनकी तथा राजगुरु की जेबों में भरे हुए पिस्तौल पड़े थे, ताकि पुलिस से सामना होने पर काम आ सके। ऐसी गम्भीर स्थिति में इस नाटक में बच्चे सहित दुर्गा भाभी का सहयोग निश्चय ही एक महान त्याग; एक प्रशंसनीय साहसिक कार्य था। इस कार्य के लिए उनकी जितनी

प्रशंसा की जाए, कम ही है। ये लोग प्रथम श्रेणी का टिकट लेकर डिब्बे में बैठ गए और पुलिस की आँखों में धूल झोंककर लाहौर से कलकत्ता के लिए निकल गए।

चन्द्रशेखर आज़ाद वेश बदलने की कला में निपुण थे, इस बात की चर्चा पहले की जा चुकी है। अतः उन्होंने कुछ अन्य साथियों को लेकर मथुरा के पण्डों की एक टोली बना ली तथा स्वयं उनके गुरु बन बैठे। माथे पर चंदन का टीका, रामनामी उत्तरीय एवं हाथ में गीता कीर्तन करते हुए इसी ट्रेन के एक दूसरे डिब्बे में जा बैठे तथा लखनऊ चले गए। पुलिस का जाल बिछा रह गया।

इस घटना का संक्षिप्त वर्णन श्री मन्मथनाथ गुप्त ने निम्नलिखित शब्दों में किया है–

"थोड़ी देर में सारे पंजाब की पुलिस चौकन्नी हो गई और साम्राज्यवाद के कुत्ते चारों ओर सूघँते हुए फिरने लगे। भगतसिंह, राजगुरु तथा आज़ाद डी.ए.वी. कॉलेज के अहाते से निकल तो गए थे, किन्तु अभी वे लाहौर में ही थे और लाहौर बहुत गरम हो गया था। भगतसिंह ने अपने केश वगैरह कटवा डाले और कहा जाता है कि दुर्गा देवी को तथा उनके शिशु शची को साथ में लेकर ठाठ-बाट से अव्वल दर्जे में रेल का सफर किया। राजगुरु उनके अर्दली बने। चन्द्रशेखर आज़ाद तीर्थ-यात्रियों की टोली बनाकर उसके साथ एक पण्डे के रूप में लाहौर से निकल गए।"

कुछ पुस्तकों में यह लिखा मिलता है कि भगतसिंह साहब तथा आज़ाद मेम बने थे, किन्तु यह बात सहसा गले नहीं उतरती, क्योंकि सुन्दर पुरुषोचित डीलडौल वाले आज़ाद के शरीर की मेम के रूप में कल्पना करना ही हास्यास्पद लगता है। ऐसे शरीर को चाहे कितना ही छिपाया जाए, फिर भी वह अपनी कहानी स्वयं ही कह देगा कि मैं पुरुष हूँ; स्त्री नहीं। इसलिए यही संगत जान पड़ता है कि दुर्गा भाभी ही मेम बनी थीं। अधिकतर पुस्तकों में यही लिखा भी है और इसी को उचित ठहराया गया है।

कुछ पुस्तकों में लिखा गया है कि राजगुरु तथा आज़ाद अमृतसर में ही उतर गए थे, किन्तु कुछ अन्य पुस्तकों के अनुसार वे लखनऊ उतरे। जो भी हो, वे सफलता के साथ लाहौर से निकल गए।

इसके बाद भगतसिंह कलकत्ता चले गए और वहीं से छिपे रूप में दल के लिए काम करने लगे। कुछ दिनों तक; अर्थात् लगभग साढ़े चार महीनों तक इस दल की गतिविधियाँ प्रकट रूप में बन्द ही रहीं। इस समय ऐसा करना आवश्यक भी था, क्योंकि साण्डर्स की हत्या के कारण पुलिस अत्यन्त सावधानी से काम कर रही थी।

असेम्बली में धमाका

साण्डर्स को यमलोक भेजने के बाद अपने कलकत्ता प्रवास के दौरान भगतसिंह ने बम बनाने में कुशल क्रान्तिकारियों से सम्पर्क किया तथा उनके सहयोग से संयुक्त प्रान्त एवं पंजाब में बम बनाने की फैक्ट्रियाँ खोलीं और बमों का निर्माण होने लगा।

'हिन्दुस्तान समाजवादी गणतान्त्रिक सेना' की केन्द्रीय समिति ने निर्णय लिया कि केन्द्रीय असेम्बली में बम फेंका जाए, किन्तु इसका उद्देश्य केवल सरकार के प्रति अपना विरोध प्रकट करना था, किसी की हत्या करना नहीं। बम विस्फोट करने वाले सदस्यों को यह बात स्पष्ट बता दी गई थी बम ऐसे स्थान पर फेंका जाए, जहाँ से किसी को कोई हानि न हो; साथ ही यह बम साधारण किस्म के बम थे, जिनसे किसी को चोट नहीं लगती। चन्द्रशेखर आज़ाद, भगतसिंह तथा दल के अन्य सदस्यों के मन में कुछ ऐसा करने की इच्छा पहले से ही थी। निर्णय लेने के बाद पहले बम फेंकने के कार्य से भगतसिंह को दूर ही रखा गया, क्योंकि साण्डर्स हत्या-काण्ड के मामले में पुलिस उनकी सरगर्मी से तलाश कर रही थी। यह निर्णय लेते समय भगतसिंह उपस्थित नहीं थे, किन्तु जब उन्हें इस निर्णय के बारे में बताया गया, तो वे अड़ गए; उनका कहना था कि यह काम उन्हें ही सौंपा जाए। चन्द्रशेखर आज़ाद ऐसा नहीं चाहते थे, उनके लाख समझाने पर भी भगतसिंह नहीं माने। दल की केन्द्रीय समिति ने भी बहुमत से इसके लिए फिर भगतसिंह का ही नाम पास कर दिया, क्योंकि इसके लिए वही सबसे योग्य व्यक्ति समझे गए। बहुमत से लिया गया निर्णय आज़ाद को भी मानना पड़ा।

इसके बाद योजना की रूपरेखा बनी। चन्द्रशेखर आज़ाद का मत था कि बम-विस्फोट के बाद क्रान्तिकारियों को भाग जाना चाहिए। इसके

लिए वह असेम्बली भी हो आए थे। पूरा निरीक्षण करने के बाद उन्हें यह विश्वास हो गया था कि असेम्बली से भागना कठिन नहीं था। इसके लिए उन्होंने नक्शा भी बना लिया था कि कहाँ से भागा जाएगा और कहाँ पर मोटर खड़ी रहेगी, जो उन्हें लेकर जाएगी, किन्तु भगतसिंह का मत इससे एकदम भिन्न था। वह नहीं चाहते थे कि भागा जाए, अपितु उन्होंने गिरफ्तार होना ही ठीक समझा था। इसके लिए उनका तर्क था कि गिरफ्तारी के बाद ही दल के विचारों को देश के अन्दर जन-जन तक तथा विदेशों में भी फैलाया जा सकता था, क्योंकि अदालत में अपने विचारों को सबके सामने कहा जा सकता था। अन्ततः भगतसिंह की ही बात मानी गई। मन्मथनाथ गुप्त द्वारा दिए गए एक विवरण के अनुसार भगतसिंह को ऐसा करने का परामर्श सुखदेव ने दिया था। सुखदेव के मत में भगतसिंह ही दल के आदर्शों एवं लक्ष्यों को अदालत के समक्ष सर्वोत्तम रूप में रख सकते थे–

"उसका कहना था कि पकड़े जाने के बाद अदालत के मंच से दल के सिद्धान्त, आदर्श, उद्देश्य और बम-विस्फोट के राजनीतिक महत्त्व को भली प्रकार भगतसिंह ही रख सकता है। इस सम्बन्ध में केन्द्रीय समिति की बैठक से पहले उसकी ओर से भगतसिंह से आग्रह किया गया था कि वह स्वयं इस कार्य को करें। जब केन्द्रीय समिति के दूसरे सदस्यों से वह अपनी बात न मनवा सके, तो उसने भगतसिंह से अलग जाकर बात की। जब तुम जानते हो कि तुम्हारे सिवा दूसरा कोई दल के उद्देश्य को नहीं रख सकेगा, तो फिर तुमने केन्द्रीय समिति को यह फैसला क्यों लेने दिया कि तुम्हारे स्थान पर कोई और बम फेंकने जाएगा।"

स्मरणीय है कि इससे पहले बम डालने के लिए बटुकेश्वरदत्त तथा विजयकुमार सिन्हा के नाम पर निर्णय लिया गया था। बुटकेश्वरदत्त के इन शब्दों से भगतसिंह को दुःख हुआ और उन्होंने दत्त से कहा-

"असेम्बली में बम फेंकने मैं ही जाऊँगा, केन्द्रीय समिति को मेरी बात माननी ही पड़ेगी। तुमने मेरा जो अपमान किया है, उसका उत्तर मैं नहीं दूँगा। इसके बाद तुम कभी मुझसे बात न करना।"

भगतसिंह के साथ बम डालने में बटुकेश्वरदत्त को उनका सहयोगी बनाया गया।

आज़ाद का नाम इसके लिए किसी ने भी प्रस्तुत नहीं किया, क्योंकि सभी सदस्यों के मत में दल के भविष्य के लिए उनका इस प्रकार के मामलों में भाग न लेना ही उचित था।

केन्द्रीय असेम्बली में दो बिल पेश किए गये थे– जन सुरक्षा बिल तथा औद्योगिक विवाद बिल। प्रथम बिल का उद्देश्य राजनीतिक आन्दोलनों को कुचलना तथा दूसरे बिल का मजदूरों को हड़ताल के अधिकार से वंचित करना था। अतः ये बिल विवाद का विषय बन चुके थे। जनता को विश्वास था कि यदि असेम्बली ने इन बिलों को अस्वीकार भी कर दिया तो सरकार वाइसराय के विशेष अधिकार से इन्हें पास कर देगी।

8 अप्रैल, 1929 को असेम्बली में इन दोनों बिलों का निर्णय सुनाया जाना था। अतः भगतसिंह एवं बटुकेश्वरदत्त के लिए असेम्बली के एक मनोनीत सदस्य की सिफारिश पर पास बनाए गए। दोनों ने खाकी कमीज और नेकर पहनी थी। जयदेव कपूर उन्हें असेम्बली में उचित स्थान पर बैठा आए, जहाँ से बम फेंकने में किसी प्रकार की असुविधा न हो और किसी को चोट भी न लगे।

असेम्बली की कार्यवाही प्रारम्भ हुई। जनसुरक्षा विधेयक का भारी विरोध हो रहा था। दूसरा औद्योगिक विवाद बिल पास हो चुका था। (इस विषय में विभिन्न पुस्तकों में अलग-अलग वर्णन है। मन्मथनाथ गुप्त के मत से यही स्थिति थी, जो उद्धृत की गई है, किन्तु कुछ अन्य पुस्तकों के अनुसार असेम्बली दोनों बिलों को अस्वीकार कर चुकी थी, किन्तु इन्हें वाइसराय के विशेष अधिकार से पास किए जाने की घोषणा होने वाली थी।) जैसे ही अध्यक्ष अपने निर्णय की घोषणा करने को उठ खड़ा हुआ भगतसिंह एवं बटुकेश्वरदत्त अपने स्थानों पर उठ खड़े हुए। भगतसिंह ने सरकारी बेंचों के पीछे खाली जगह पर बम फेंका। भंयकर धमाका हुआ। सभी लोग हक्के-बक्के रह गए। वे कुछ समझ पाते इससे पहले ही दूसरा बम फेंका गया। इससे लोगों के होशो-हवास गुम हो गए। सर जार्ज शूस्टर मेज के नीचे जा छिपा। इस हड़बड़ी में टकरा जाने से मामूली चोट भी आई। पूरा हाल नीले धुँए से भर गया। दोनों ने 'इन्कलाब जिन्दाबाद' तथा 'साम्राज्यवाद का नाश हो' के नारे लगाए तथा पर्चे फेंके, जिनमें लिखा था–

" बहरों को सुनाने के लिए ऊँची आवाज की जरूरत होती है।" फ्रांस के अराजकतावादी शहीद वेलां के ऐसे ही अवसर पर कहे गए इन अमर शब्दों से क्या हम अपने काम का औचित्य सिद्ध कर सकते हैं।

शासन सुधार के नाम पर ब्रिटिश शासन द्वारा पिछले दस वर्षों से हमारे देश का जो अपमान किया गया है, हम उस निन्दनीय कहानी को दुहराना नहीं चाहते। भारतीय राष्ट्रीय नेताओं के साथ किए गए अपमानों का भी उल्लेख नहीं करना चाहते, जो इस असेम्बली द्वारा किए गए हैं, जिसे पार्लियामेण्ट कहा जाता है।

हम यह स्पष्ट कर देना चाहते हैं कि कुछ लोग साइमन कमीशन के नाम पर जो जूठे टुकड़े मिलने की संभावना है, उनकी आशा लगाए हुए हैं और मिलने वाली ताजी हड्डियों के बँटवारे के लिए झगड़ा तक कर रहे हैं। इसी समय सरकार भी भारतीय जनता पर दमनकारी कानून लादती जा रही है, जैसे जनसुरक्षा बिल तथा औद्योगिक विवाद बिल। इसी के साथ उसने प्रेस सिडीशन बिल को असेम्बली के अगले अधिवेशन के लिए सुरक्षित रख लिया है। श्रमिक नेता जो खुले रूप में अपना कार्य कर रहे थे, उनकी अन्धाधुन्ध गिरफ्तारियों से यह स्पष्ट हो जाता है कि सरकार का क्या रुख़ है।

इन भंयकर उत्तेजक परिस्थितियों में 'हिन्दुस्तान समाजवादी गणतान्त्रिक सेना' ने पूर्ण गम्भीरता के साथ अपना दायित्व अनुभव करते हुए अपनी सेना को यह कार्य करने का आदेश दिया है, जिससे कानून का यह अपमानजनक मजाक बन्द हो। विदेशी सरकार की शोषक नौकरशाही चाहे जो करे, किन्तु उसका नंगा रूप जनता के सामने लाना नितान्त आवश्यक है।

जनता के चुने हुए प्रतिनिधि अपने निर्वाचन क्षेत्रों को लौट जाएँ और जनता को आनेवाली क्रान्ति के लिए तैयार करें। सरकार को यह जान लेना चाहिए कि जन सुरक्षा बिल और औद्योगिक विवाद बिल, लालाजी की नृशंस हत्या का असहाय भारतीय जनता की ओर से विरोध करते हुए हम इस बात पर जोर देना चाहते हैं, जिसे कि इतिहास ने अनेक बार दुहराया है कि व्यक्ति ही हत्या कर देना आसान है, लेकिन तुम विचारों की हत्या नहीं कर सकते। बड़े-बड़े साम्राज्य नष्ट हो गए, किन्तु विचार

जीवित रहे। फ्रांस के ब्रूवां और रूस के जार नष्ट हो गए, जबकि क्रान्तिकारी विजय की सफलता के साथ आगे बढ़ते गए।

हम मनुष्य के जीवन को पवित्र मानते हैं। हम ऐसे उज्ज्वल भविष्य में विश्वास रखते हैं, जिसमें प्रत्येक मनुष्य पूर्ण शान्ति और स्वतंत्रता का उपयोग करेगा। हम मानवरक्त बहाने के लिए अपनी मजबूरी पर दुःखी हैं। परन्तु क्रान्ति के लिए मनुष्यों का बलिदान आवश्यक है। इन्कलाब जिन्दाबाद।"

यह पर्चा दल के कमाण्डर-इन-चीफ की ओर से लिखा हुआ था, इसमें हस्ताक्षर की जगह बलराज लिखा हुआ था।

इस घटना का वर्णन श्री मन्मथनाथ गुप्त ने निम्नलिखित शब्दों में किया है–

"सन् 1929 की 8 अप्रैल के दिन की घटना है। उस समय की केन्द्रीय असेम्बली में पब्लिक सेफ्टी नामक एक बिल विचारार्थ उपस्थित था। दोनों ओर से खींचा-तानी हो रही थी। 'ट्रेड डिस्प्यूट्स' बिल अधिक वोटों से पास हो चुका था और सभापति पटेल 'पब्लिक सेफ्टी बिल' पर अपना निर्णय देने के लिए तैयार थे, सब लोगों की आँखें उन्हीं की ओर लगी हुई थीं। बहुत उत्तेजना का समय था। ऐसे समय एकाएक असेम्बली भवन में दर्शक गैलरी से एक भयानक बम गिरा जिसके गिरते ही आतंक का धुआँ छा गया। सर जार्ज शूस्टर तथा सर बामनजी दलाल आदि कुछ व्यक्तियों को हलकी चोटें आईं। बम फेंकने वाले दो नवयुवक थे। एक का नाम सरदार भगतसिंह था और दूसरे का नाम बटुकेश्वरदत्त।"

पूर्व निर्धारित योजना के अनुसार इन दोनों वीरों ने अपने-आपको स्वयं गिरफ्तार करवाया। इसके बाद न्याय का दीर्घ नाटक खेला गया. जिसकी परिणति अन्ततः भगतसिंह, राजगुरु एवं बटुकेश्वरदत्त को फाँसी तथा अन्य कई क्रान्तिकारियों को विभिन्न प्रकार की कैद की सजाओं में हुई, इसका वर्णन आगे यथास्थान किया जाएगा।

वाइसराय की गाड़ी को उड़ाने की योजना

असेम्बली बम-काण्ड में भगतसिंह तथा बटुकेश्वरदत्त की गिरफ्तारी के बाद उन पर साण्डर्स की हत्या का भी मामला लग चुका था और उनके

दल के कई सदस्य इस हत्याकाण्ड के सिलसिले में गिरफ्तार किए जा चुके थे। अतः दल एक प्रकार से छिन्न-भिन्न-सा हो चुका था। फिर भी आज़ाद इस दल के सेनापति थे और एक योग्य, साहसी एवं कर्मठ सेनापति के सभी गुण उनमें विद्यमान थे। इसके साथ ही भगवतीचरण बोहरा, उनकी धर्मपत्नी दुर्गादेवी, सुशीला दीदी, श्री यशपाल आदि योग्य क्रान्तिकारी उनके साथ थे। अतः दल का कार्य निरन्तर चलता रहा।

इसी कार्यक्रम के अंतर्गत वाइसराय की विशेष रेलगाड़ी को बम से उड़ा देने की योजना बनाई गई। पहले इसके लिए 27 अक्तूबर, 1929 का दिन नियत किया गया। परन्तु बाद में कुछ अनिवार्य कारणों से उस दिन यह काम न हो सका। फिर इसके लिए 23 दिसम्बर, 1929 का दिन निश्चित किया गया।

इस कार्य के लिए बहुत लम्बी तैयारी करनी पड़ी। दल का एक सदस्य साधु के वेश में निजामुद्दीन पर मामले का निरीक्षण करने के लिए भेज दिया गया। उक्त दिन वाइसराय की गाड़ी कोल्हापुर से दिल्ली आने वाली थी। इससे कुछ दिन पहले ही रेलवे लाइन के नीचे बमों को अच्छी तरह से लगा दिया गया। इन बमों को कई सौ गज दूर एक बैटरी से जोड़ा गया। वहीं से स्विच दबाने पर विस्फोट हो सकता था, अन्यथा इसके ऊपर कई दिन तक गाड़ियाँ चलती रहीं, किन्तु कोई हानि नहीं हुई। जब वाइसराय की गाड़ी इसके ऊपर से गुजरी तो स्विच ऑन किया गया। विस्फोट भयंकर था, किन्तु अपने सौभाग्य से वाइसराय बच गया; केवल कुछ सेकंडों की देरी हो गई। परिणामस्वरूप वाइसराय साफ बच गया, परन्तु उसके डिब्बे के पीछे का तीसरा डिब्बा उड़ा गया।

इस घटना से फिर तहलका मच गया। पुलिस पहले से सतर्क थी; अब और भी बौखला उठी, उसने अपने प्रयत्न पहले से भी तेज कर दिए।

कांग्रेस के सन् 1930 के लाहौर अधिवेशन में प्रथम बार एक ओर भारत के लिए पूर्ण स्वराज्य की माँग की गई, वहीं दूसरी ओर इस घटना की निन्दा की गई। इसके मुख्य अंश इस प्रकार हैं–

"यह कांग्रेस वाइसराय की ट्रेन पर बम विस्फोट के कृत्य की निन्दा करती है और अपना यह निश्चय फिर प्रकट करती है कि इस प्रकार के कार्य न केवल कांग्रेस के उद्देश्यों के प्रतिकूल हैं, अपितु उनसे राष्ट्रीय

हित की हानि होती है। यह कांग्रेस महामहिम वाइसराय, श्रीमती इर्विन तथा गरीब नौकरों सहित उनके साथियों का इस बात के लिए अभिनन्दन करती है कि वे सौभाग्य से बाल-बाल बच गए।"

वाइसराय की ट्रेन को बम से उड़ाने का प्रयत्न असफल हो जाने के बाद भी चन्द्रशेखर आज़ाद के नेतृत्व में दल क्रियाशील बना रहा। इसके बाद भी कई जगह बम विस्फोट हुए, डकैती तथा हत्या की योजनाएँ बनीं; किन्तु इन सभी योजनाओं में कोई विशेष सफलता नहीं मिली। पुलिस इस दल के सदस्यों की गिरफ्तारी के लिए हाथ धोकर पीछे पड़ी थी। अगस्त, 1930 में इस दल के चार सदस्य– रूपचन्द, इन्द्रपाल, जहाँगीर लाल तथा कुन्दनलाल गिरफ्तार कर लिए गए। इसके बाद कुछ और सदस्य पकड़ लिए गए; कुल छब्बीस सदस्यों को पुलिस ने गिरफ्तार कर लिया, किन्तु दल के अध्यक्ष चन्द्रशेखर आज़ाद, यशपाल, सुशीला दीदी, दुर्गा भाभी, हंसराज तथा प्रकाशवती आदि पुलिस की पकड़ में नहीं आ सके। अतः उन्हें फरार घोषित कर दिया गया।

सुखदेवराज भी पुलिस की पकड़ में नहीं आए थे। सभी फरार अभियुक्तों की खोज में पुलिस के मुखबिर घूमते रहते थे। एक दिन पुलिस को सूचना मिली कि सुखदेवराज किसी अन्य युवक के साथ लाहौर के शालीमार पार्क में हैं। अतः पुलिस ने घेरा डाल दिया। वहाँ सुखदेवराज का तो कोई पता न चला, किन्तु जगदीशराज नामक एक युवक पुलिस के साथ लड़ता हुआ गोली से मारा गया।

इन गिरफ्तार व्यक्तियों को मुकद्दमे में विभिन्न प्रकार की सजाएँ मिलीं। गुलाबसिंह, जहाँगीरलाल तथा अमरीकसिंह को पहले फांसी की सजा सुनाई थी, किन्तु, बाद में अमरीक सिंह छोड़ दिए गए तथा शेष दोनों को कालापानी और शेष अभियुक्तों को अनेक प्रकार की कैद की सजा सुनाई गई।

सप्तम अध्याय

न्याय का नाटक और आज़ाद

क्रान्ति का मार्ग फूलों की सेज नहीं; तलवार की धार है। इस पथ पर चलने वाला हर पथिक इस कटु सत्य को जानता है। अतः इस पर चलना किसी साधारण मनुष्य के वश की बात नहीं है; केवल कुछ सच्चे सपूत ही इस पर चलने में समर्थ होते हैं। सच्चाई तो यह है कि अपने प्राणों को सदा हथेली पर लेकर घूमने वाला सूरमा ही इस मार्ग को अपना सकता है। चन्द्रशेखर आज़ाद आदि क्रान्तिकारी ऐसे ही सूरमा थे।

असेम्बली बम-काण्ड का मुकद्दमा

'हिन्दुस्तान गणतान्त्रिक एसोसिएशन' के अपने प्रारम्भिक क्रान्तिकारी जीवन में ही आज़ाद दल में अपना एक विशिष्ट स्थान बना चुके थे। उनके अदम्य उत्साह तथा अत्यन्त सतर्कता के कारण दल में उन्हें 'क्विक सिल्वर' (पारा) कहा जाता था। अपने पूरे क्रान्तिकारी जीवन में आज़ाद ने अपने इस नाम को सार्थक किया था। इतने अधिक काण्डों में वे भाग ले चुके थे; पुलिस उन्हें पकड़ने के लिए एड़ी-चोटी का जोर लगा चुकी थी, किन्तु पारे को हाथ से पकड़ना सम्भव नहीं होता। उन्हें पकड़ में नहीं आना था; न आए।

इधर भगतसिंह एवं बटुकेश्वरदत्त ने स्वयं को असेम्बली में धमाका करने के बाद गिरफ्तार करा लिया था। फलतः गिरफ्तार करके पहले उन्हें कोतवाली, चाँदनी चौक ले जाया गया। यहाँ उन्होंने बयान देने से इंकार कर दिया, क्योंकि वह अदालत में ही बयान देना चाहते थे। इसके बाद उन्हें सिविल लाइन पुलिस थाने की हवालात में रखा गया। भगतसिंह

के पिता सरदार किशनसिंह उनसे मिलने के लिए आए, किन्तु उन्हें नहीं मिलने दिया गया।

22 अप्रैल, 1929 को उन्हें पुलिस की हवालात से दिल्ली जेल भेज दिया गया। सरदार किशनसिंह 3 मई को अपने वकील आसफ अली के साथ उनसे जेल में मिले। यद्यपि सरदार किशनसिंह पूरी शक्ति से मुकद्दमा लड़ना चाहते थे, परन्तु भगतसिंह अपने बचाव की दृष्टि से मुकद्दमा लड़ने के विरुद्ध थे।

मुकद्दमा 7 मई, 1929 को एडीशनल मजिस्ट्रेट मि. फूल की अदालत में आरम्भ हुआ और अदालत जेल में ही लगी। सरकार द्वारा अपना पक्ष प्रस्तुत किए जाने के बाद भगतसिंह तथा बटुकेश्वरदत्त से बयान देने के लिए कहा गया, किन्तु उन्होंने 'हम अपना बयान सेशन जज की अदालत में देंगे' कहकर बयान देने से इंकार कर दिया। अतः मामला सेशन जज मिडल्टन की अदालत में भेज दिया गया। यह अदालत भी दिल्ली जेल में ही लगी और 4 जून, 1929 से मुकद्दमे की सुनवाई आरम्भ हुई। यहाँ भगतसिंह ने अपना प्रसिद्ध ऐतिहासिक भाषण दिया। उनके इस भाषण से दल के उद्देश्यों पर सुन्दर प्रकाश पड़ता है। इसके कतिपय अंश यहाँ प्रस्तुत किये जा रहे हैं–

"हमारे विरुद्ध गम्भीर अपराधों के आरोप लगाए गए हैं। हम इस समय अपने आचरण का स्पष्टीकरण देना चाहते हैं। इस विषय में निम्न प्रश्न उठते हैं–

1. क्या सदन में बम फेंकने गए थे? यदि हाँ तो इसका कारण क्या था?
2. निचली अदालत ने जो आरोप लगाया है वह सही है या नहीं?

प्रथम प्रश्न का पूर्वार्द्ध स्वीकारात्मक है, परन्तु कुछ साथियों ने घटना का असत्य विवरण प्रस्तुत किया है। हम बम फेंकने का दायित्व स्वीकार करते हैं। अतः हम अपेक्षा करते हैं कि हमारे इस वक्तव्य का सही मूल्यांकन किया जा सकेगा। उदाहरण के लिए हम इस बात का संकेत करना चाहते हैं कि 'उन्होंने हममें से एक के हाथ से पिस्तौल छीन ली।' यह एक जान-बूझकर बोला गया असत्य है। वस्तुतः जिस समय हमने आत्मसमर्पण किया, तब हम दोनों में से किसी के हाथ में पिस्तौल नहीं था। जिन साथियों ने यह कहा कि उन्होंने हमें बम फेंकते हुए देखा, उन्हें

यह सफेद झूठ बोलने में कोई झिझक नहीं आई। हम आशा करते हैं कि जिन लोगों का ध्येय न्याय की शुद्धता तथा निष्पक्षता की रक्षा करना है, वे तथ्यों से स्वयं निष्कर्ष निकाल लेंगे।

प्रथम प्रश्न के उत्तरार्द्ध का उत्तर कुछ विस्तार से देना होगा, जिससे कि हम उन प्रयोजनों और परिस्थितियों को एक पूर्ण और खुले रूप में स्पष्ट कर सकें, जिनके फलस्वरूप यह घटना हुई, जिसने अब ऐतिहासिक रूप ले लिया है। जेल में हमसे कुछ पुलिस के अधिकारियों ने मुलाकात की, उनमें से कुछ ने जब हमें यह बताया कि विचाराधीन इस घटना के पश्चात् दोनों सदनों के संयुक्त अधिवेशन को सम्बोधित करते हुए लार्ड इरविन ने यह कहा कि हम लोगों ने बम फेंककर किसी व्यक्ति पर नहीं, अपितु स्वयं एक संविधान पर आक्रमण किया है, तब हमें प्रतीत हुआ कि इस घटना के महत्त्व का सही मूल्यांकन नहीं किया गया है।

मानवमात्र के प्रति हमारा प्रेम किसी से कम नहीं है। अतः किसी व्यक्ति के प्रति विद्वेष रखने का प्रश्न ही नहीं उठता। इसके विपरीत हमारी दृष्टि में मानव-जीवन इतना पवित्र है कि उसका वर्णन शब्दों में नहीं किया जा सकता।

हमारा लक्ष्य उस संस्था के प्रति अपना व्यावहारिक प्रतिरोध प्रकट करना था, जिसने अपने आरम्भ से ही न केवल अपनी निरुपयोगिता का, अपितु हानिकारक दूरगामी शक्ति का भी नग्न प्रदर्शन किया है। हमने जितना अधिक चिन्तन किया है, हम उतने ही अधिक इस नतीजे पर पहुँचे हैं कि इस संस्था (असेम्बली) के अस्तित्व का उद्देश्य दुनिया के सामने भारत की गरीबी तथा असहायता का प्रदर्शन करना है तथा यह एक अनुत्तरदायी और स्वेच्छाचारी शासन की, दमनकारी सत्ता की प्रतीक बन गई है।

जनता के प्रतिनिधियों की माँग को बार-बार रद्दी की टोकरी में फेंका जा रहा है। सदन द्वारा पारित पवित्र प्रस्तावों को तथाकथित भारतीय संसद द्वारा अपमान से पाँवों तले कुचला जा रहा है। दमनकारी एवं स्वेच्छाचारी कानूनों को रोकने से सम्बन्धित प्रस्तावों को सबसे अधिक अपमानपूर्ण उपेक्षा की गई तथा निर्वाचित प्रतिनिधियों ने जिन सरकारी कानूनों और प्रस्तावों को अस्वीकार कर दिया, उनको भी सरकार द्वारा स्वेच्छा से स्वीकृति दी जा रही है।

संक्षेप में, ईमानदारी से प्रयत्न करने पर भी हमारी समझ में यह नहीं आ रहा है कि ऐसी संस्था का अस्तित्व किस तरह न्यायसंगत माना जा सकता है, जिसकी शानोशौकत को बनाए रखने के लिए भारत के करोड़ों लोगों के गाढ़े पसीने की कमाई व्यय की जा रही है, तथापि जो अर्थहीन और शैतानी से भरा षड्यन्त्र मात्र बनकर रह गई है।

इस प्रकार हम उन नेताओं की मनोवृत्ति के औचित्य को समझ नहीं पा रहे हैं, जो भारत की इस असहाय पराधीनता का पूर्व नियोजित प्रदर्शन कर सार्वजनिक समय और धन को नष्ट कर रहे हैं। हम इस विषय में तथा औद्योगिक विवाद विधेयक प्रस्तुत किए जाने पर श्रमिक नेताओं की व्यापक गिरफ्तारियों पर गम्भीरता से चिन्तन करते रहे हैं और जब इस विषय पर होने वाले विवाद की आँखों देखी जानकारी प्राप्त करने के लिए हम असेम्बली में आए, तो हमारी यह धारणा और भी पुष्ट हो गई कि करोड़ों श्रमिकों को एक संस्था से कुछ भी प्राप्त नहीं हो सकता, जो शोषकों की दम घोटने वाली सत्ता और निरीह श्रमिकों की पराधीनता का एक भंयकर स्मारक मात्र बनकर रह गई है।

समग्र देश के प्रतिनिधियों को इस प्रकार अपमानित किया गया है, जिसे हम अमानवीय एवं बर्बर कहते हैं। इसके साथ ही देश के करोड़ों भूखे लोग निर्धन लोगों को उनके मौलिक अधिकारों तथा आर्थिक हित के एकमात्र साधन से ही वंचित कर दिया गया है।

ऐसा कोई भी मनुष्य, जिसके मन में मूक और विवश श्रमिकों की दुर्दशा हमारी जैसी सहानुभूति है, इस दृश्य को शान्त होकर नहीं देख सकता तथा जिसके हृदय में उन श्रमिकों के लिए करुणा है, जिन्होंने उन शोषकों के आर्थिक ढाँचे के निर्माण में मूक रहकर अपना जीवन और लहू बहाया है, जिनकी यह सरकार अधिक समर्थक है, निर्दय उत्पीड़न के परिणामस्वरूप उठने वाले आत्मा की करुण आवाज को दबा नहीं सकती। फलस्वरूप हमने गवर्नर जनरल की कार्यकारी परिषद् के भूतपूर्व विधि सदस्य स्व. श्री. सी.आर. दास के उन शब्दों से प्रेरणा ली है, जो उन्होंने अपने पुत्र को एक पत्र में लिखे थे; जिनका तात्पर्य था कि इग्लैंड को उसके दुःस्वप्न से जगाने के लिए बम की आवश्यकता है और हमने उन लोगों की ओर से असेम्बली के फर्श पर बम फेंका है, जिनके पास

अपनी हृदयविदारक वेदना की अभिव्यक्ति के लिए अन्य कोई राह नहीं रह गई थी। हमारा एकमात्र उद्देश्य था कि हम बहरों को अपनी आवाज सुनाएँ और समय की चेतावनी उन लोगों तक पहुँचाएँ, जो उनकी अनदेखी कर रहे हैं। हमने उन लोगों को चेतावनी दी है, जो सामने आने वाली परिस्थिति की चिन्ता किए बिना सरपट दौड़े चले जा रहे हैं।

पिछले खण्डों में हमने काल्पनिक अहिंसा शब्द का प्रयोग किया है। हम उनकी व्याख्या करना चाहते हैं। हमारी दृष्टि से बल का प्रयोग तब अन्यायपूर्ण होता है, जब उसका प्रयोग आक्रमण की रीति से किया जाए और हमारे दृष्टिकोण में यह हिंसा है। किन्तु जब बल प्रयोग किसी विशेष उद्देश्य की पूर्ति के लिए किया जाए, तो यह नैतिक दृष्टि से न्यायसंगत है। शक्ति के प्रयोग का पूर्णतया बहिष्कार एक कोरी काल्पनिक भ्रान्ति है। इस देश में एक नया आंदोलन उठ खड़ा हुआ है, जिसकी पूर्व सूचना हम दे चुके हैं। यह आन्दोलन गुरु गोविन्दसिंह, शिवाजी, कमाल पाशा एवं रिजा खां, वाशिगंटन एवं गैरी बाल्डी और लायफेते एवं लेनिन के कार्यों से प्रेरणा ग्रहण करता है।

हमें ऐसा लगा कि विदेशी सरकार और भारत के सार्वजनिक नेताओं ने इस आन्दोलन से आँखें मूँद ली हैं तथा उनके कानों में इसकी आवाज नहीं पड़ी है। अतः हमें यह कर्तव्य लगा कि ऐसे स्थानों पर चेतावनी दी जाए, जहाँ हमारी आवाज अनसुनी न रह सके। हमारे मन में उन लोगों के प्रति कोई व्यक्तिगत द्वेष या वैर नहीं था, जिनको इस घटना के दौरान मामूली चोटें आई हैं। हमने जान-बूझकर असेम्बली में बम फेंका। तथ्य स्वयं स्पष्ट है। हमारा अनुरोध है कि हमारे प्रयोजन को हमारे कार्य के परिणाम से ही आँका जाना चाहिए, न कि काल्पनिक परिस्थितियों एवं पूर्वाग्रहों के आधार पर। सरकारी विशेषज्ञ द्वारा दिए गए प्रमाणों के बावजूद यह सत्य है कि हमने असेम्बली भवन में जो बम फेंके, उनसे एक खाली बेंच को मामूली नुकसान हुआ और एक दर्जन से भी कम लोगों को मामूली खरोंचें आईं। सरकार के वैज्ञानिकों ने इसे चमत्कार कहा है, किन्तु हमारी दृष्टि में यह एक पूर्ण वैज्ञानिक प्रक्रिया है। पहली बात तो यह ही कि बम बेंचों और डेस्कों के बीच खाली जगह फटे, दूसरी बात यह है कि जो लोग विस्फोट से केवल दो फुट दूर खड़े थे, जैसे श्री राव,

श्री शंकर राव तथा मि. जार्ज शूस्टर, उन लोगों को या तो बिलकुल चोट नहीं आयी या केवल खरोंचे आयीं। यदि बमों के भीतर पोटेशियम क्लोरेट तथा पिकरेट के शक्तिशाली तत्त्व भरे होते, तो वे अवरोधों को खंडित कर देते तथा विस्फोट स्थल से बहुत दूरी पर बैठे लोग भी आहत हो गए होते। यदि उनके भीतर उससे भी अधिक शक्तिशाली तत्त्व भरे होते, तो वे विधान सभा के अधिकांश सदस्यों की जीवन-लीला समाप्त कर सकते थे। हम यह भी कर सकते थे कि उन्हें सरकारी बक्सों में फेंकते, जहाँ महत्वपूर्ण लोग बैठे थे। आखिरकार हम यह भी कर सकते थे कि उस समय अध्यक्ष दीर्घा में बैठे हुए, सर जॉन साइमन पर चोट करते, जिसके दुर्भाग्यपूर्ण कमीशन से देश के सभी विवेकशील व्यक्ति घृणा करते हैं।"

इस न्यायालय से पूर्व क्रान्ति का अर्थ स्पष्ट करते हुए भगतसिंह ने बताया था–

"क्रान्ति में घातक शस्त्रों का अनिवार्य स्थान नहीं है! न उसमें व्यक्तिगत रूप से प्रतिशोध लेने की गुंजाइश है। क्रान्ति बम और प्रतिशोध की संस्कृति नहीं है। क्रान्ति से हमारा प्रयोजन यह है कि अन्याय पर आधारित व्यवस्था में परिवर्तन आना चाहिए। उत्पादक और श्रमिक समाज के अत्यन्त आवश्यक अंग हैं, तथापि शोषक लोग उन्हें मूलभूत अधिकारों तथा श्रम के फल से वंचित कर देते हैं। एक ओर सबके लिए अन्न का उत्पादन करने वाले किसान भूखों मर रहे हैं, सम्पूर्ण दुनिया के बाजारों में वस्त्रों की आपूर्ति करने वाले बुनकर अपने और अपने बच्चों के शरीर को ढकने के लिए पूरे वस्त्र प्राप्त नहीं कर पाते तथा भवन निर्माण, लोहारगीरी एवं बढ़ई का काम करने वाले लोग शानदार महलों का निर्माण करके भी गन्दी बस्तियों में रहते हैं और मर जाते हैं। दूसरी ओर पूँजीपति, शोषक और समाज पर घुन की तरह जीने वाले लोग अपनी सनक पूरी करने के लिए करोड़ों रुपये पानी की तरह बहा रहे हैं। ये भयंकर विषमताएँ और विकास के अवसरों की अकृत्रिम समानताएँ समाज को अराजकता की ओर ले जा रही हैं।

"यदि इसकी उपेक्षा कर दी जाती है तथा वर्तमान शासन-व्यवस्था नवोदित प्राकृतिक शक्तियों के मार्ग को रोक देती है और यह क्रम निरन्तर चलता रहा, तो एक भंयकर संघर्ष उत्पन्न होना निश्चित है,

जिसके फलस्वरूप समस्त अवरोधक तत्त्वों को उठाकर फेंक दिया जाएगा तथा सर्वहारा वर्ग का आधिपत्य होगा, जिससे क्रान्ति का लक्ष्य प्राप्त किया जा सके। क्रान्ति मानव-जाति का जन्मसिद्ध अधिकार है। स्वतन्त्रता सभी मनुष्यों का एक ऐसा जन्मसिद्ध अधिकार है, जिसे किसी भी स्थिति में छीना नहीं जा सकता। श्रमिक वर्ग समाज का वास्तविक आधार है। जन प्रभुता की स्थापना श्रमिकों का अन्तिम लक्ष्य है। इन आदर्शों तथा आस्था के लिए हम उन सब कष्टों का सामना करेंगे, जो हमें न्यायालय द्वारा दिए जाएँगे। इस वेदी पर हम अपना यौवन धूपबत्ती की तरह जलाने के लिए सन्नद्ध हुए हैं। इस महान लक्ष्य के लिए कोई भी बलिदान बड़ा नहीं माना जा सकता। हम क्रान्ति की उन्नति की सन्तोष के साथ प्रतीक्षा करेंगे। इन्कलाब-जिन्दाबाद।"

भगतसिंह के इस भाषण से स्वाभाविक रूप में देश का ध्यान उनके तथा दल के प्रति आकृष्ट हुआ। इस मुकद्दमे में उन्होंने अपने बचाव का कोई प्रयत्न नहीं किया। अदालत की कार्यवाही 10 जून, 1929 को पूरी हो गई और इसके दो दिन बाद 12 जून को निर्णय सुना दिया गया, जिसमें भगतसिंह तथा बटुकेश्वरदत्त दोनों को आजीवन कारावास का दण्ड मिला। इसके बाद भगतसिंह पंजाब की बदनाम जेल मियाँवाली तथा बटुकेश्वर दत्त लाहौर सेण्ट्रल जेल भेज दिए गए।

भगतसिंह जानते थे कि बचाव करने का कोई परिणाम नहीं निकलेगा, अतः उन्होंने इसके लिए कोई प्रयत्न ही नहीं किया। उनके उपर्युक्त भाषण का उद्देश्य केवल इतना ही था कि लोग उनके विचारों से परिचित हो सकें। अपने इसी उद्देश्य के और अधिक प्रचार के लिए उन्होंने इस फैसले के विरुद्ध पंजाब उच्च न्यायालय में अपील की।

लाहौर उच्च न्यायालाय में इस अपील की पेशी जस्टिस फोर्ड तथा जस्टिस एडीशन के सामने हुई। यहाँ भी भगतसिंह ने अपने उद्देश्यों के विषय में बयान दिया। इस बयान में उन्होंने यह सिद्ध करना चाहा कि वे कोई अपराधी नहीं हैं, वरन् मातृभूमि की स्वतन्त्रता के लिए संघर्ष करने वाले एक योद्धा हैं। उन्होंने इस बात पर विशेष बल दिया कि किसी भी अपराधी को दण्ड उसके उद्देश्य को ध्यान में रखकर मिलना चाहिए–

"जब तक अभियुक्त के मनोभाव का पता न लग जाए, उसके

वास्तविक उद्देश्य का पता नहीं चल सकता। यदि उद्देश्य को पूरी तरह भुला दिया जाए, तो किसी भी व्यक्ति के साथ न्याय नहीं हो सकता, क्योंकि उद्देश्य की उपेक्षा करने पर संसार के बड़े-बड़े सेनापति साधारण हत्यारे नजर आएँगे। शासकीय कर ग्रहण करने वाले अधिकतर चोर-जालसाज दिखाई देंगे और न्यायधीशों पर भी हत्या का अभियोग लगेगा। इस तरह तो समाज-व्यवस्था और सभ्यता, खून-खराबा, चोरी और जालसाजी बनकर रह जाएगी। यदि उद्देश्य की उपेक्षा की जाए तो सरकार को क्या अधिकार है कि समाज के व्यक्तियों से न्याय की अपेक्षा करे! उद्देश्य की उपेक्षा की जाए तो धर्म-प्रचार झूठ का प्रचार दिखाई देगा और प्रत्येक पैगम्बर पर अभियोग लगेगा कि उसने करोड़ों अनजान और भोले-भाले लोगों को गुमराह किया। यदि उद्देश्य को भुला दिया जाए, तो हजरत ईसा मसीह गड़बड़ करने वाले, शान्ति भंग करने वाले और विद्रोह का प्रचार करने वाले दिखाई देंगे और कानून के शब्दों में खतरनाक व्यक्तित्व समझे जाएँगे, किन्तु हम उनकी पूजा करते हैं; हमारे हृदयों में उनके लिए असीम आदर है।"

लाहौर उच्च न्यायालय ने इस अपील को खारिज कर दिया तथा पिछली अदालत की सजा को मान्य ठहराया। जेलों में राजनीतिक कैदियों के लिए सुविधाओं को लेकर भगतसिंह ने 15 जून, 1929 से आमरण अनशन प्रारम्भ कर दिया। यह समाचार मिलने पर बटुकेश्वर दत्त ने भी लाहौर सेण्ट्रल जेल में उसी दिन से उनके समर्थन में भूख हड़ताल शुरू कर दी। भगतसिंह अकेले मियाँवाली जेल में थे। अब उन पर साण्डर्स हत्याकाण्ड का मुकद्दमा भी चलने वाला था। इस हत्याकाण्ड के अन्य अभियुक्त लाहौर सेण्ट्रल जेल में थे। अतः 17 जून, 1929 को उन्होंने पंजाब राज्य के इंस्पेक्टर जनरल, जेल को अपना स्थान्तरण लाहौर सेण्ट्रल जेल में करवाने के लिए प्रार्थना-पत्र दिया। उनकी यह माँग मान ली गई और इसी माह के अन्तिम सप्ताह में उन्हें लाहौर सेण्ट्रल जेल भेज दिया गया।

लाहौर काण्ड पर मुकद्दमा

साण्डर्स हत्याकाण्ड, जो लाहौर काण्ड भी कहलाता है, इस पर मुकद्दमा 10 जुलाई, 1929 से लाहौर के मजिस्ट्रेट श्री कृष्ण की अदालत

में प्रारम्भ हुआ। भगतसिंह तथा बटुकेश्वर दत्त अनशन पर थे, अतः उन्हें स्ट्रेचर पर अदालत में लाया गया। इसके बाद उनके समर्थन में इस काण्ड के अन्य अभियुक्तों ने भी भूख हड़ताल आरम्भ कर दी। भगतसिंह ने 14 जुलाई, 1929 को अपनी माँगों के विषय में भारत सरकार के गृह सदस्य को एक पत्र भेजा, जिसमें कैदियों के लिए सुविधाओं की माँग की गई थी। सरकार इन माँगों को कोई महत्त्व नहीं दे रही थी, हड़ताल चलती रही। कैदियों का स्वास्थ्य दिन-प्रतिदिन गिरता रहा, भगतसिंह का वजन प्रारम्भ में 133 पौण्ड था, जो 30 जुलाई तक लगभग 5 पौण्ड प्रति सप्ताह गिरता रहा और फिर स्थिर हो गया।

आमरण अनशन में जतीनदास की मृत्यु

इस भूख हड़ताल में जतीनदास (यतीन्द्रनाथ दास) की हालत दिन-प्रतिदिन बिगड़ती गई। इससे सारे देश में हलचल मच गई। वह निरन्तर मृत्यु की ओर अग्रसर होने लगे। मोतीलाल नेहरू, जवाहरलाल नेहरू आदि नेताओं ने अखबारों के माध्यम से इस विषय में आवाज उठाई। डॉ. गोपीनाथ भार्गव, पुरुषोत्तम दास टण्डन आदि नेता इस जेल में पहुँचे। उन्होंने अनशन तुड़वाने तथा जतीनदास की जीवन-रक्षा का भरसक प्रयत्न किया, किन्तु उन्हें सफलता नहीं मिली। इनसे मिलने के बाद पण्डित जवाहरलाल नेहरू ने जतीनदास की दयनीय स्थिति का वर्णन करते हुए कहा था–

"यतीन्द्रदास की हालत बड़ी गम्भीर हो गई है। वह अत्यन्त कमजोर हो गए हैं, उनमें करवट बदलने की भी ताकत नहीं है। वह बहुत धीरे-धीरे बोलते हैं। वास्तव में देखा जाए, तो वह मौत की ओर बढ़ रहे हैं। मुझे इन बहादुर नौजवानों के कष्ट को देखकर बहुत दुःख हुआ। मालूम होता है, वे अपने प्राणों की बाजी लगाकर इस लड़ाई में शामिल हुए हैं। वे चाहते हैं कि राजनीतिक कैदियों के साथ राजनीतिक कैदियों जैसा व्यवहार हो। मुझे पूरा विश्वास है कि यह तपस्या सफलता से सुशोभित होकर ही रहेगी।"

इस अनशन की सहानुभूति में अनेक अन्य जेलों में भी अनशन किया गया। इस अनशन के कारण मुकद्दमे की तारीखें भी बदलती गईं। बाद

में पंजाब जेल कमेटी ने सुधार की माँगों पर विचार करने के लिए एक उपसमिति बनाई। अतः 2 सितम्बर, 1929 को जतीनदास को छोड़कर अन्य सभी ने अनशन तोड़ दिया। इस उपसमिति ने जतीनदास को रिहा कर देने की सिफारिश भी की, किन्तु सरकार ने बिना जमानत रिहा करना स्वीकार नहीं किया और जमानत-पत्र पर जतीनदास ने हस्ताक्षर करने से मना कर दिया। जतीनदास की स्थिति को देखकर भगतसिंह आदि ने दो दिन बाद पुनः अनशन प्रारम्भ कर दिया। अन्ततः 13 सितम्बर, 1929 को एक बजकर पाँच मिनट पर जतीनदास मृत्यु को प्राप्त हो गए। उनके शव को लाहौर से कलकत्ता भेजने के लिए नेताजी सुभाषचन्द्र बोस ने 600 रु. भिजवाए थे, अतः उनका शव कलकत्ता भेज दिया गया, जहाँ उनके अन्तिम संस्कार में लाखों लोगों ने उन्हें अपनी श्रद्धांजलियाँ अर्पित कीं।

मुकद्दमा न्यायधिकरण के अधीन

1 मई, 1930 को एक विशेष अध्यादेश के अंतर्गत यह मुकद्दमा एक न्यायाधिकरण को सौंप दिया गया। इसमें तीन जज थे, जिनकी नियुक्ति लाहौर उच्च न्यायालय के मुख्य न्यायाधीश द्वारा की गई थी। इस न्यायाधिकरण को अभियुक्तों को उपस्थित हुए बिना अदालत की कार्यवाही करने के अधिकार दिए गए थे।

5 मई को इस न्यायधिकरण के पुंछ हाउस, लाहौर में मुकद्दमें की सुनवाई प्रारम्भ की। ये अभियुक्ति देशभक्ति के गाने गाते थे साथ ही इन्हें विश्वास था कि यह सब कानूनी कार्यवाही केवल एक दिखावा थी। अतः ये भी अदालत की हर कार्यवाही पर अड़ंगा लगाते रहते थे। एक बार इसी प्रकार की एक घटना में न्यायाधिकरण के अध्यक्ष जस्टिस कोल्डस्ट्रीम ने पुलिस को आदेश दिया कि इन अभियुक्तों को लाठियों तथा जूतों से पीटा जाए। पुलिस ने ऐसा ही किया। अतः अभियुक्तों ने दूसरे दिन से अदालत की कार्यवाही का बहिष्कार कर दिया और जस्टिस कोल्डस्ट्रीम को बदलने की माँग की। इस दिन पुलिस द्वारा अभियुक्तों के साथ दुर्व्यवहार किया गया। इस कार्यवाही की न्यायधिकरण के भारतीय सदस्य जस्टिस आगा हैदर ने भी आलोचना की थी, अतः कोल्डस्ट्रीम के

साथ ही आगा हैदर को भी बदलकर नया न्यायाधिकरण बनाया गया, जिसमें जस्टिस जी.सी.हिल्टन, जस्टिस अब्दुल कादिर तथा जस्टिस जे.के. टैप थे।

अभियुक्तों ने फिर भी अदालत का बहिष्कार जारी रखा। भगतसिंह का कहना था कि जस्टिस कोल्डस्ट्रीम को अपने व्यवहार के लिए माफी माँगनी चाहिए। सरकार ने जस्टिस कोल्डस्ट्रीम को लम्बी छुट्टी पर भेज दिया था और सरकार इस माँग को स्वीकार भी कैसे कर सकती थी।

फैसला

न्यायाधिकरण में अभियुक्तों की अनुपस्थिति में एकतरफा कार्यवाही चली। इसके बाद 26 अगस्त, 1930 को अदालत ने अपना काम पूरा कर लिया। तब अभियुक्तों के पास सन्देश भेजा गया कि वे अपने बचाव के लिए स्वयं कुछ कहना चाहें या वकील रखना चाहें अथवा कोई गवाह प्रस्तुत करना चाहें तो करें। अभियुक्त इस नाटक का अर्थ समझते थे; क्योंकि समस्त कार्यवाही हो जाने के बाद अब केवल निर्णय ही दिया जाने वाला था अतः उन्होंने इसे अस्वीकार कर दिया।

7 अक्टूबर, 1930 को इस मुकद्दमें का फैसला सुना दिया गया। अभियुक्तों ने अदालत को बहिष्कार कर रखा था, अतः ट्रिब्यूनल के एक विशेष संदेशवाहक ने उन्हें यह फैसला जेल में ही जाकर सुनाया। फैसले के अनुसार अभियुक्तों को निम्न दण्ड दिए गए थे–

फाँसी की सजा - भगतसिंह, राजगुरु तथा सुखदेव।

काले पानी की सजा - कमलनाथ तिवारी, जयदेव कपूर, विजयकुमार सिन्हा, शिव वर्मा, गयाप्रसाद, महावीर सिंह तथा किशोरीलाल।

7 वर्ष की कैद - कुन्दनलाल।

3 वर्ष की कैद - प्रेमदास।

इनके अतिरिक्त जितेन्द्र सान्याल, मास्टर आशाराम, अजय घोष, देशराज तथा सुरेन्द्रनाथ पाण्डेय रिहा कर दिए गए।

फैसले के बाद

अदालत के फैसले के तुरन्त बाद लाहौर में धारा 144 लगा दी गई जिसके अंतर्गत शहर में किसी भी प्रकार के प्रदर्शन, सभा या पोस्टर आदि लगाने पर रोक थी। इतनी सावधानियाँ रखने पर भी उस दिन शाम को बिना किसी पूर्व सूचना के लाहौर नगरपालिका के मैदान में एक विशाल सभा हुई, जिसमें इस समस्त कानूनी कार्यवाही की आलोचना की गई। सख्त पहरा होने पर भी न मालूम पत्रकारों को भगतसिंह तथा उनके साथियों के फोटो कैसे प्राप्त हो गए, जिन्हें उन्होंने अपने समाचार-पत्रों में लेखों के साथ प्रकाशित किया।

इस फाँसी की सजा के विरोध में सारे देश में प्रदर्शनों, हड़तालों आदि की बाढ़ जैसी आ गई। लाहौर में डी.ए.वी. कॉलेज के कुछ छात्रों सहित एक प्रोफेसर ने पुलिस पर धावा बोल दिया। छात्र संघ के आह्वान पर 8 अक्टूबर को हड़ताल हुई। अधिकतर शिक्षण संस्थाएँ स्वतः बन्द रहीं। ऐसा वातावरण समस्त देश में रहा।

भगतसिंह के पिता ने वाइसराय को एक आवेदन-पत्र दिया, जिसमें यह सिद्ध करने का अवसर दिए जाने की प्रार्थना की गई थी कि साण्डर्स की हत्या के दिन भगतसिंह कलकत्ता में थे, किन्तु भगतसिंह ने सार्वजनिक रूप में अपने पिता से इस कार्य का प्रतिवाद किया। प्रिवीपरिषद् में भी अपील की गई। महामना मदनमोहन मालवीय ने वाइसराय के पास दया की अपील की। सारे देश से लोगों ने इनकी फाँसी की सजा को बदलवाने के लिए आवाज उठाई, जगह-जगह से लोगों ने हस्ताक्षर अभियान चलाकर वाइसराय के पास अनुस्मारक भेजे, किन्तु इनका परिणाम शून्य ही रहा और 23 मार्च, 1931 को इन तीनों वीरों को लाहौर में फाँसी दे दी गई।

फाँसी दे दिए जाने पर भी देश के आक्रोश में कमी नहीं आई। देश भर के समाचार-पत्रों ने सरकार के इस कृत्य की भर्त्सना की। महात्मा गांधी उस समय भारत की राजनीति पर छाए हुए थे। फरवरी, 1931 में वाइसराय लार्ड इरविन के साथ उनका एक समझौता हुआ, जिसे गांधी-इरविन समझौता कहा जाता है। भारत की जनता बड़ी आशाओं के साथ इस समझौते की रिपोर्ट की प्रतीक्षा कर रही थी। उसे पूरा विश्वास

था कि गांधीजी इन वीरों को फाँसी पर चढ़ने से बचा लेंगे, किन्तु समझौते की रिपोर्ट प्रकाशित होने पर उसकी सारी आशाओं पर पानी फिर गया; समझौते में इस मामले का कोई उल्लेख ही नहीं था। हाँ, कांग्रेसी सत्याग्रही, जो जेलों में थे, सबको छोड़ दिए जाने की घोषणा की गई थी। गांधीजी के इस कार्य की खूब आलोचना हुई। जगह-जगह पत्रकारों ने उनसे इस विषय में प्रश्न पूछे। इस फाँसी के कुछ ही दिन बाद कराँची कांग्रेस अधिवेशन में भाग लेने के लिए वहाँ जाने पर उन्हें काले झण्डे दिखाए गए।

इस फाँसी के बाद पंजाब में जगह-जगह सभाएँ हुईं। लोगों ने अपने खून से लिखकर इसका बदला लेने की शपथ ली। किसानों ने कर देना बन्द कर दिया। भगतसिंह उनके लिए आराध्यदेव के समान बन गए थे। उनके चित्र धड़ाधड़ बिकने लगे। देश भर में इन वीरों की वीरतापूर्ण जीवनी की पुस्तकें प्रकाशित होने लगीं। सरकार इन्हें अपने लिए मौत का साया समझती थी। परिणामस्वरूप इन चित्रों एवं पुस्तकों पर प्रतिबन्ध लगा दिया गया।

इन वीरों के शहीद होने पर भारतीय क्रान्तिकारियों के इतिहास के एक अध्याय की इतिश्री हो गई।

इस बीच आज़ाद की भूमिका

भगतसिंह आदि के गिरफ्तार हो जाने पर भी चन्द्रशेखर आज़ाद निष्क्रिय होकर नहीं बैठे। इसके बाद भी वे कुछ-न-कुछ करते रहते थे। वाइसराय की गाड़ी को बम से उड़ाने का प्रयास भी इसकी पुष्टि करता है। इसके साथ ही वे पण्डित मोतीलाल नेहरू तथा उनके सुपुत्र पण्डित जवाहरलाल नेहरू से भी मिले थे। यद्यपि कांग्रेस के तथा उनके सिद्धान्तों में अन्तर था, फिर भी दोनों के लक्ष्य समान थे। नेहरू परिवार से उनके सम्बन्ध सुमधुर थे। यह परिवार यद्यपि कांग्रेस के तथा उनके सिद्धान्तों में अन्तर था, फिर भी दोनों के लक्ष्य समान थे। नेहरू परिवार से उनके सम्बन्ध सुमधुर थे। यह परिवार यद्यपि खुले रूप में क्रान्तिकारियों का समर्थन नहीं करता था, तथापि इसे इन वीरों के साथ सहानुभूति अवश्य थी। कहा जाता है, अपने इन्हीं फरारी के दिनों में 1930 में वे आनन्द

भवन, इलाहाबाद गए। वहाँ उन्होंने पण्डित मोतीलाल नेहरू से भेंट की। पण्डित नेहरू ने उन्हें हिंसा का मार्ग त्यागने का परामर्श दिया था, जिसे आज़ाद ने विनम्र शब्दों में अस्वीकार कर दिया था। उन्होंने कहा कि उन्हें अहिंसा पर विश्वास नहीं था, वे नहीं समझते थे कि कांग्रेस की इस अंहिसा की नीति से अंग्रेज भारत छोड़कर चले जाएँगे। अंग्रेजों को भगाने के लिए वे हिंसा को अनिवार्य मानते थे। इसके बाद वे पण्डित जवाहरलाल नेहरू को बड़ा आश्चर्य हुआ। उन्होंने इस विषय में आज़ाद से सचेत रहने को कहा, किन्तु, आज़ाद को इस सबकी परवाह कहाँ थी! उनका तो बस इतना ही कहना था कि जीते जी पुलिस उन्हें नहीं पकड़ पाएगी। इन्हीं दिनों गांधी-इरविन समझौते के लिए बातें चल रही थीं। इस सम्बन्ध में आज़ाद ने नेहरूजी से पूछा था कि इस समझौते में प्राणों को हथेली पर रखकर घूमने वाले क्रान्तिकारियों के लिए क्या किया जाएगा? पण्डित नेहरू शायद इसका कोई उत्तर नहीं दे पाए थे, क्योंकि वे जानते थे कि इस समझौते के हो जाने पर भी इन वीरों की रक्षा नहीं हो सकेगी। इस समझौते में गांधीजी इरविन से बातें करेंगे और उन्हें अपने सिद्धान्त सबसे प्रिय थे, किन्तु नेहरूजी की हार्दिक इच्छा थी कि इन क्रान्तिकारियों की रक्षा होनी चाहिए। भगतसिंह आदि को फाँसी दे दिए जाने पर उन्हें जो दुःख हुआ उसे व्यक्त करते हुए उन्होंने कहा था–

"मैं भगतसिंह तथा उनके साथियों के अन्तिम दिनों में मौन धारण किए रहा, क्योंकि मैं जानता था कि कहीं मेरे बोलने से फाँसी की सजा रद्द होने की सम्भावना जाती न रहे। मैं चुप रहा, जबकि इच्छा होती थी मैं उबल पड़ूँ। हम सब मिलकर उन्हें बचा न सके, जोकि हमारे इतने प्यारे थे और उनका महान त्याग तथा साहस भारत के नौजवानों के लिए एक प्रेरणा की चीज थी और है। हमारी इस असहायता पर देश में दुःख प्रकट किया जाएगा, किन्तु साथ ही हमारे देश को इस स्वर्गीय आत्मा पर गर्व है और जब इंग्लैंड हमसे समझौते की बात करे, तो हम भगतसिंह की लाश को भूल न जाएँ।"

क्रान्तिकारियों से नेहरूजी की सहानुभूति के कारण लाहौर काण्ड के एक मुखबिल कैलाशपति ने उनका नाम भी उल्लेख किया था। इस सम्बन्ध में मन्मथनाथ गुप्त लिखते हैं-

"उसकी स्मरण-शक्ति अद्‌भुत थी। बयान में उसने लाहौर से लेकर कलकत्ते तक बीसियों मनुष्यों का नाम लिया। जिस सरगर्मी से वह क्रान्तिकारी बना था, उसी सरगर्मी से मुखबिर बना। न तो तब कोई उसको फिक्र थी न अब। उसने अपने बयान में पण्डित जवाहरलाल तक को सान दिया था, फिर कौन बचता।"

स्पष्ट है कि नेहरूजी को यद्यपि क्रान्तिकारियों से पूरी सहानुभूति थी, फिर भी वे कुछ कर पाने में असमर्थ थे।

आज़ाद द्वारा भगतसिंह की मुक्ति का प्रयास

1930 में कांग्रेस का आन्दोलन भी जोरों पर था, अतः क्रान्तिकारी दल ने भी अपनी कार्यवाहियाँ तेज करने का निर्णय लिया। इस समय दल के भगतसिंह आदि अनेक सदस्य जेल में थे, किन्तु आज़ाद चुप नहीं बैठे थे, इस समय उनके मुख्य सहयोगी भगवतीचरण को जेल से मुक्त कराने की योजना बनाने की सोची। उन्होंने योजना के विभिन्न पहलुओं पर विचार किया। सरकार भगतसिंह को फाँसी देने पर तुली हुई थी। यदि ऐसे समय में उन्हें जेल से छुड़ा लिया जाता, तो पूरी दुनिया में तहलका मच जाता। आज़ाद इसे कार्यरूप देकर सरकार की जड़ें हिला देना चाहते थे।

इस योजना पर पहले आज़ाद और भगवतीचरण कई दिनों तक विचार करते रहे, कि इसके लिए कितनी तैयारी करनी होगी। कार्यवाही के समय कुछ पुलिसवालों तथा दल के सदस्यों का मारा जाना भी आवश्यक होता, इसके लिए बमों, पिस्तौलों आदि की भी आवश्यकता थी। इसके साथ ही एक-दो कारों तथा इस सब सामान को छिपाने के लिए जेल के पास ही किसी मकान को भी किराये पर लेना पड़ता। इस योजना में महिलाओं को सम्मिलित किया जाए अथवा नहीं, इस पर भी विचार किया गया। योजना का निश्चय हो जाने पर यशपाल, सुखदेवराज, धनवन्तरि आदि को भी इसके बारे में बताया गया तथा इस योजना में दुर्गा देवी एवं सुशीला दीदी का भी सहयोग लेना निश्चित किया गया।

लाहौर के बहावलपुर रोड पर एक मकान किराए पर लिया गया। यहाँ कौन रहता है, इस विषय में किसी को किसी प्रकार का सन्देह न हो,

इसके लिए उक्त दोनों महिला सदस्याएँ वहाँ रहने लगीं। सभी पास-पड़ोस के लोग यही समझते थे कि यहाँ कोई परिवार रह रहा है।

इसके लिए रविवार 1 जून, 1930 का दिन निश्चित किया गया। भगतसिंह तथा बटुकेश्वर दत्त लाहौर सेण्ट्रल जेल में थे तथा लाहौर काण्ड के अन्य अभियुक्त बोरस्टल जेल में थे। मुकद्दमा एक ही था, इसलिए सप्ताह में एक दिन रविवार को इस काण्ड के सभी अभियुक्तों को मिलने का अवसर दिया जाना सरकार ने मान लिया था, ताकि वे आपस में सलाह कर सकें। उक्त दिन भगतसिंह तथा दत्त को पुलिस द्वारा सेण्ट्रल जेल से दिन भर के लिए बोरस्टल जेल ले जाया जाना था। तय किया गया कि जब भगतसिंह और बटुकेश्वर दत्त को पुलिस जेल के गेट से सड़क पर कुछ दूरी पर खड़ी मोटर में बैठाने के लिए ले जाए, तो पुलिस पर बमों तथा रिवाल्वरों से धावा बोल दिया जाए और अपनी गाड़ी सही स्थान पर पहले से तैयार रखी जाए। जब क्रान्तिकारियों तथा पुलिस में आपस में सामना हो रहा हो, तो भगतसिंह तथा बटुकेश्वर दत्त इस गाड़ी में बैठ जाएँ और ड्राइवर उन्हें लेकर चल दे। पुलिस पर धावा बोलने के लिए क्रान्तिकारियों के दो समूह बनाए गए थे। एक दल बमों से हमला करता, जिसका नेतृत्व भगवतीचरण को करना था। दूसरा दल पुलिस को पीछा करने से रिवाल्वरों से रोकता। इसके नेता चन्द्रशेखर आज़ाद बनाए गए थे।

इस योजना के लिए भगतसिंह से भी सम्पर्क करके सलाह कर ली गई थी। बोरस्टल जेल में पुलिस का सुरक्षा प्रबन्ध सेण्ट्रल जेल की तुलना में कम था। अतः भगतसिंह का विचार था कि पुलिस पर हमला बोरस्टल जेल के बाहर किया जाए, तो अच्छा रहेगा, किन्तु बोरस्टल जेल बड़ी सड़क से कुछ दूर पीछे को थी, अतः भगतसिंह एवं बटुकेश्वरदत्त के मोटरगाड़ी में बैठने तक यहाँ सेण्ट्रल जेल की पुलिस भी पहुँच सकती थी और उसका दूसरी बार फिर सामना करना पड़ जाता। अन्ततः सेण्ट्रल जेल के बाहर ही धावा बोलने की योजना निश्चित की गई। योजना रोमांचक थी। इसमें दोनों ओर से कुछ लोगों का मृत्यु को प्राप्त हो जाना निश्चित था, किन्तु क्रान्तिकारियों को मृत्यु का भय कभी रहा ही नहीं। वे ऐसा करने के लिए जी-जान से जुट गए। भगतसिंह तथा दत्त को भी इसकी सूचना दे दी गई।

भगवतीचरण की मृत्यु

इस योजना के लिए बम बनाए गए, अतः उनकी उपयोगिता देखने के लिए भगवतीचरण ने उनका पूर्व परीक्षण करने का विचार किया। इस परीक्षण के लिए 28 मई, 1930 के दिन वह सुखदेवराज तथा बच्चन, इन दो क्रान्तिकारियों को साथ लेकर रावी के किनारे पहुँचे और रावी पार कर जंगल में चले गए।

इधर अन्य क्रान्तिकारी बहावलपुर रोडवाले मकान में थे। योजना को कार्यरूप देने में केवल दो दिन शेष रह गए थे, अतः यहाँ उपस्थित लोग हथियारों की साफ-सफाई में लग गए। आज़ाद ने प्रत्येक को अलग-अलग कार्य सौंपे थे, इसलिए सब अपना-अपना कार्य करने लगे। इसी बीच एक ताँगे में घायल सुखदेवराज आते दिखाई दिए। वह दर्द से कराह रहे थे, उनके पैर में कपड़े की पट्टी बँधी थी, जो अत्यधिक रक्त बहने से लाल हो चुकी थी। उन्हें ताँगे से उतारकर अन्दर ले जाया गया। तब उनसे ज्ञात हुआ कि बम के परीक्षण के समय बम भगवतीचरण के हाथ में फट गया था जिससे उनका हाथ उड़ गया। उसी के कारण सुखदेवराज के पैर में भी गम्भीर चोट लगी थी। भगवतीचरण की हालत अत्यन्त गम्भीर थी। उन्होंने सुखदेव को यहाँ भेजा था, ताकि अन्य सदस्यों को इसका समाचार दिया जा सके। इस घटना का वर्णन करते हुए भी वीरेन्द्र लिखते हैं–

"सुखदेवराज उन्हें छोड़कर आना न चाहता था। परन्तु भगवतीचरण ने उनसे कहा, 'बचने की कोई आशा नहीं। इतना खून बह चुका है कि मैं अब बच नहीं सकता। न ही तुम मुझे बहावलपुर रोड तक पहुँचा सकते हो। मैं यह भी नहीं चाहता कि इस हालत में जाने से किसी को सन्देह हो जाए और मेरे दूसरे साथियों के लिए कोई मुसीबत खड़ी हो जाए। इसलिए अब मुझे यहीं छोड़ दो और तुम जाओ और जाकर शेष साथियों को सावधान कर दो! मेरी अब न चिन्ता करना। जो कुछ होगा देखा जाएगा।"

इस घटना का समाचार मिलने पर दल के सभी लोगों को असीम दुःख हुआ। यद्यपि क्रान्तिकारियों को मौत का कोई भी भय नहीं था, पर यदि वह भगतसिंह को मुक्त कराते समय मारे जाते, तो इस बात का

किसी को उतना दुःख नहीं होता; इस प्रकार उनकी मृत्यु होगी, ऐसी किसी ने कल्पना भी नहीं की थी।

वह अभी तक जीवित होंगे भी या नहीं, इस विषय में कोई भी कुछ नहीं कह सकता था। अतः उन्हें वहाँ से लाने के लिए दो-तीन अन्य युवकों को लेकर यशपाल उस स्थान पर गए। उनकी स्थिति अत्यन्त गम्भीर थी। मृत्यु एकदम पास थी, वह कुछ घड़ियों के मेहमान थे। उनकी अन्तिम इच्छा थी कि वह मृत्यु से पहले आज़ाद के दर्शन करना चाहते थे; इसके साथ ही उन्होंने यशपाल से यह भी कहा कि भगतसिंह को जेल से छुड़ाने की योजना रोकी न जाए, इस योजना में भाग न ले पाने का उनको जीवन में अन्तिम क्षणों तक भारी दुःख था।

वह दर्द से तड़प रहे थे। पल-प्रतिपल उनकी हालत बिगड़ती जा रही थी। अतः उन्हें वहाँ से हाथों या कन्धे पर उठाकर ले जाना सम्भव न था। यशपाल अपने एक साथी को वहाँ पर बिठाकर शहर की ओर चले गए, ताकि स्ट्रेचर या चारपाई का प्रबन्ध किया जा सके और यदि हो सके तो किसी डॉक्टर को भी लाया जाए, किन्तु उनके जाने के कुछ ही देर बाद भगवतीचरण भी इस संसार से चल बसे।

देर रात गए जब यशपाल चारपाई, चादरें तथा दवा लेकर वहाँ फिर आए, तो भगवतीचरण की जगह केवल उनका शव पड़ा हुआ था। वह अपने जिस साथी को वहाँ पर छोड़ गए थे, वह भी डरकर भाग गया था। इससे यशपाल को बड़ी निराशा तथा भारी दुःख हुआ। शव को चादर में लपेट दिया गया। उसे अकेले वहाँ छोड़कर साथियों से परामर्श लेने के लिए यशपाल आवास पर लौट आए। यहाँ इस समाचार के ज्ञात होने पर सभी शोक के सागर में डूब गए। प्रातःकाल आज़ाद, यशपाल तथा दो-तीन दूसरे साथी वहाँ जाने को तैयार हो गए। भगवतीचरण की पत्नी दुर्गा देवी भी जाना चाहती थीं, किन्तु साइकल पर बैठाकर महिलाओं को ऐसे स्थान पर ले जाना खतरे से खाली नहीं था। वह बेचारी अपने सुहाग के लुट जाने पर इस मकान में रो भी नहीं सकती थीं। उन्हें इस अवसर पर चन्द्रशेखर आज़ाद ने लिखा था-

"तुम हमारी माँ हो। हमारी बहिन हो। तुम्हारी इज्जत हमारे हाथ में है और हमारी इज्जत तुम्हारे हाथ में है। मैं तुम्हारी भावनाओं को समझ

सकता हूं, परन्तु तुमने और भगवती भाई ने तो अपनी भावनाएँ उसी दिन पाँवों तले रौंद डाली थीं, जिस दिन आप दोनों इस पार्टी में शामिल हुए। इसके पहले यदि इतनी कुर्बानी की है, तो कुछ और करो।"

अतः दुर्गावती पति के अन्तिम दर्शन भी नहीं कर सकीं। आज़ाद और यशपाल उस स्थान पर गए, जहाँ भगवतीचरण का शव पड़ा था और शव को जमीन में दफना दिया गया, क्योंकि इसे श्मशान में ले जाना हर प्रकार से कठिन था। एक तो जंगल में इस स्थान तक कोई वाहन नहीं आ सकता था, दूसरे यदि इसे यों ही उठाकर ले जाते, तो पुलिस को पता लगने पर सभी लोग भारी विपत्ति में पड़ सकते थे।

यह वर्णन श्री वीरेन्द्र की पुस्तक 'वे इंकलाबी दिन' के आधार पर है। श्री मन्मथनाथ गुप्त ने भगवतीचरण की मृत्यु का वर्णन कुछ दूसरी तरह से किया है। श्री गुप्त के अनुसार इस दुर्घटना में भगवतीचरण की अंतड़ियाँ बाहर निकल आई थीं। उन्हीं के शब्दों में–

"भगवतीचरण की मृत्यु क्रान्तिकारी इतिहास की एक दर्दनाक घटना है। इसके सम्बन्ध में कई तरह की बातें सुनी जाती हैं। जो कुछ मालूम हो सका है, उसमें केवल इतना निर्विवाद है कि 28 मई, 1930 को साढ़े चार बजे शाम को भगवतीचरण एक बम लेकर प्रयोग करने के लिए रावी के किनारे पर गए। जहाँ बम एकाएक फट गया और भगवतीचरण बहुत सख्त घायल हो गए। कहते हैं, चोट से उनकी सारी अंतड़ियाँ बाहर निकल आई थीं, किन्तु फिर भी अन्तिम समय तक उनको दल की धुन थी। वह तीन-चार घण्टे तक जीवित रहे, किन्तु कुछ परिस्थितियाँ ऐसी आईं या पैदा की गईं जिससे उनको डॉक्टरी सहायता नहीं पहुँचाई जा सकी।"

निःसन्देह भगवतीचरण की मृत्यु क्रान्तिकारी दल तथा भगतसिंह की मुक्ति की योजना के लिए एक भारी धक्का था।

योजना की असफलता

यद्यपि भगवतीचरण की मृत्यु से दल को भार धक्का लगा, फिर भी योजना को पूरा किया जाना आवश्यक था। इस शोकाकुल वातावरण में एक विचित्र-सा सूनापन व्याप्त हो गया था। किसी की समझ में नहीं आ

रहा था कि इस सूनेपन को कैसे तोड़ा जाए। दुर्गावती की स्थिति बड़ी विचित्र थी; न तो वह रो सकती थीं और न बोल रही थीं। अतः दल का नेता होने के कारण आज़ाद को ही इसमें पहल करनी पड़ी। उन्होंने दुर्गादेवी से कहा कि भगवतीचरण की अन्तिम इच्छा के अनुसार भगतसिंह को मुक्त कराना आवश्यक था। इस पर वीरांगना दुर्गा ने कहा था–

"भैया! यदि आपको यह काम करना है तो उनकी जगह मैं आपके साथ जाऊंगी।"

दुर्गा के इन शब्दों से सभी को प्रसन्नता हुई, किन्तु दुर्गा की गोद में चार वर्ष का बच्चा था और इस योजना में जाने का अर्थ प्राणों को हथेली पर रखकर जाना था, अतः यदि इसमें उनकी मृत्यु हो जाती, तो बच्चा पूर्णतया अनाथ हो जाता। इस सबको देखते हुए उनके स्थान पर दूसरी महिला सुशीला ने जाने की इच्छा व्यक्त की। आज़ाद ने दोनों की बातें सुनीं और दल का नेता होने के नाते उन्हें आदेश दिया–

"यह काम महिलाओं का नहीं है। तुम दोनों में से कोई भी नहीं जाएगी, जो कुछ तुम इस समय कर रही हो, यही क्या कम है। अब हम जाएँगे और भाग्य की परीक्षा करेंगे।"

अतः पूर्व निश्चित समय 1 जून, 1930 को आज़ाद, यशपाल, वैशम्पायन तथा दो-तीन युवा सदस्य अपने लक्ष्य पर चल पड़े और सेण्ट्रल जेल के समीप पहुँच गए। सब पूरी तरह तैयार होकर योजना अनुसार अपने-अपने स्थानों पर खड़े हो गए। भगतसिंह तथा दत्त को पहले ही इसकी सूचना दे दी गई थी, किन्तु यह योजना सफल न हो सकी।

यह योजना असफल क्यों रही, इस विषय में प्रायः दो मत देखने को मिलते हैं। पहले मत के अनुसार इस घटना से पूर्व इन दोनों कैदियों को ले जाने वाली पुलिस गाड़ी जेल के गेट से कुछ दूर सड़क पर खड़ी कर दी जाती थी। जेल के फाटक से वहाँ तक कैदियों को पैदल चलकर जाना पड़ता था, किन्तु इस दिन गाड़ी जेल के गेट से बिल्कुल पास खड़ी की गई और वहीं पर से कैदियों को लेकर चल दी। चन्द्रशेखर आज़ाद आदि देखते रह गए।

दूसरा मत इससे भिन्न है। इस मत के अनुसार अन्तिम समय में भगतसिंह ने जेल से भागने का मत ही बदल लिया था। श्री वीरेन्द्र का वर्णन प्रस्तुत किया जा रहा है–

"इस योजना का भाग यह भी था कि जब भगतसिंह और दत्त बाहर निकलेंगे, वैशम्पायन बाँसुरी बजाएगा, तो उत्तर में भगतसिंह अपना सिर खुजलाएगा। जिसके अर्थ होंगे कि वह भी तैयार हैं। इसके बाद कार्यवाही शुरू हो जाएगी। किन्तु न जाने क्यों भगतसिंह ने संकेत नहीं दिया। जेल से बाहर जाते ही वह और दत्त कैदियों वाली गाड़ी में बैठ गए और पुलिस उन्हें वहाँ से ले गई। आज़ाद और उनके साथी वहाँ खड़े यह सब देखते रह गए। उन्हें कुछ समझ में नहीं आया कि यह हुआ क्या है। वे निराश होकर लौट आए।"

कुछ समय बाद भगतसिंह से पूछा गया कि उसने यह सब क्यों किया तो उसने उत्तर दिया कि भगवतीचरण की मृत्यु के बाद जीवित रहने की इच्छा न रही थी। वह यह भी नहीं चाहते थे कि पार्टी की अन्तिम निशानी आज़ाद भी इस प्रयास में मारे जाएँ। आज़ाद को खत्म कराकर भगतसिंह रिहाई हासिल करना नहीं चाहते थे। इसलिए जब वह जेल से निकले तो उन्होंने देखा कि उनके साथी वहाँ खड़े हैं। फिर भी वह इस कार्यवाही के लिए तैयार न हुए। न जाने इसमें कितने लोग मारे जाते।"

संशय के क्षण

इस योजना की असफलता से आज़ाद की भारी दुःख हुआ। बहावलपुर रोडवाले अपने मकान में जाने पर वह किसी से कुछ नहीं बोले और एक कमरे में चले गए। आज़ाद के सबसे अधिक विश्वासपात्र भगतसिंह थे, इनके बाद भगवतीचरण बोहरा का नम्बर आता। भगवतीचरण पहले ही दुनिया छोड़कर जा चुके थे तथा भगतसिंह के लिए भी फाँसी का फन्दा तैयार ही था। इसी सब पर विचार करते हुए आज़ाद कई घण्टों तक कमरे में बन्द रहे। बड़ी विचित्र स्थिति थी। एक ओर सबसे प्रिय साथी जेल में बन्द था; उसे फाँसी पर लटकाने के लिए न्याय का नाटक चल रहा था, इसके साथ ही दिवंगत साथी भगवती भाई की अन्तिम इच्छा थी कि भगतसिंह को अवश्य मुक्त कराया जाए। दुर्भाग्य से सारी योजना विफल हो गई थी। क्या हो; क्या न हो? का प्रश्न का सामने था। अन्ततः सारे संशयों पर विजय पाकर आज़ाद ने भगतसिंह की मुक्ति के लिए एक बार पुनः प्रयत्न करने का निर्णय लिया। उनके लिए परिस्थितियों के सामने हारकर आत्म-समर्पण करना कायरता थी।

आज़ाद अटल निर्णय लेकर सो गए, किन्तु लगता था इस समय भाग्य ही विपरित हो गया था। रात को घर में रखे गए बमों में से एक बम स्वतः ही फट गया। इसके धमाके से सबकी नींद खुल गई, सारे दरवाजे और खिड़कियाँ हिल गईं। आज़ाद ने सबको आदेश दिया कि जिसके हाथ, जो सामान आए, उसे लेकर तुरन्त भाग लिया जाए। पुलिस के पहुँचने की सम्भावना थी, जिससे परिस्थिति अकल्पनीय भयंकर हो सकती थी, किन्तु दल की महिलाओं को इतनी जल्द कहाँ भेजा जाए, यह भी एक विकट समस्या थी। इस मकान के बगल में एक इंजीनियर रहता था। कहीं वह पुलिस को बम-विस्फोट की सूचना न दे दे, इस विपत्ति को टालने के लिए यशपाल उसके पास गए। उन्होंने इंजीनियर को अपनी सारी कहानी बता दी और उससे निवेदन किया कि वह कम-से-कम आधे घण्टे तक विस्फोट की सूचना पुलिस को न दे। इस बीच सारे क्रान्तिकारी वहाँ से चले जाएँगे, तभी पुलिस को इसकी सूचना दी जाए। क्रान्तिकारियों की भावनाओं का सम्मान करते हुए इंजीनियर ने उसकी बात मान ली। अतः सभी क्रान्तिकारी इस बीच वहाँ से सुरक्षित निकल गए।

सुखदेवराज घायल थे, किन्तु उन्हें किसी अस्पताल में भर्ती करना सम्भव नहीं था। इसका समाधान भी धनवन्तरि ने निकाल लिया। दयानन्द आयुर्वेदिक कॉलेज, लाहौर के प्रधानाचार्य डॉक्टर आसानन्द राष्ट्रवादी विचारों के व्यक्ति थे। धनवन्तरि कभी उनके विद्यार्थी रह चुके थे। डॉ. आसानन्द ने अपने घर पर रखकर सुखदेवराज की चिकित्सा का भार अपने ऊपर ले लिया। उन्होंने सुखदेवराज के पैर का ऑपरेशन किया। उनकी चिकित्सा से सुखदेवराज का पाँव शीघ्र ठीक हो गया। इसके बाद उन्हें अमृतसर भेज दिया गया।

इस प्रकार अनवरत असफलताओं के बाद आज़ाद के सामने दल को पुनः संगठित करने का प्रश्न सर्वप्रथम था। इसके लिए पैसों की आवश्यकता थी। पैसों का प्रबन्ध करने के लिए लाहौर से चले गए और दिल्ली पहुँचे। पूर्ववर्णित गाडोदिया स्टोर डकैती उन्होंने इसी समय डाली थी।

यशपाल प्रकरण

यद्यपि दल सदस्यों द्वारा विवाद करने का विरोध नहीं करता था, फिर भी सक्रिय क्रान्तिकारियों से अपेक्षा की जाती थी कि वे अविवाहित रहें। यदि कोई सदस्य विवाह करना चाहता था उसे दल से इसके लिए अनुमति लेनी पड़ती थी। गाडोदिया स्टोर डकैती के बाद दल ने एक कारखाना दिल्ली में खोला था। दिखने के लिए यह साबुन, तेल बनाने का कारखाना था, किन्तु इसमें बम बनाने में प्रयुक्त होने के लिए पिकरिक एसिड बनता था। इस कारखाने का संचालन श्री अज्ञेय करते थे। अज्ञेय के अतिरिक्त यहाँ कैलाशपति, विमलाप्रसाद जैन, उनकी पत्नी, यशपाल और प्रकाशवती भी रहते थे। यशपाल और प्रकाशवती के सम्बन्ध अत्यन्त अंतरंग हो गए थे। वे दोनों साथ-साथ रहते हुए देखे जाने लगे। यह दल के नियमों के विरुद्ध था। अतः दल ने निर्णय लिया कि यशपाल को गोली मार दी जाए। यह काम वीरभद्र तिवारी को सौंपा गया। यशपाल को गोली मारने के बजाय तिवारी ने यह बात यशपाल को बता दी। यशपाल हाथ में रिवाल्वर लेकर कारखाने में गए और प्रकाशवती को लेकर लाहौर चले गए।

इसके बाद यशपाल ने प्रकाशवती से विवाह कर लिया। बाद में वह आज़ाद से मिले। यद्यपि आज़ाद एवं यशपाल का मनमुटाव दूर हो गया, किन्तु दलीय अनुशासन की अवहेलना करने के कारण वीरभद्र तिवारी को दल से निकाल दिया गया तथा यह कारखाना भी बन्द कर दिया गया।

यशपाल के विरुद्ध यह कठोर निर्णय लिए जाने का कारण दलीय अनुशासन के साथ ही यह भी था कि यशपाल प्रकाशवती को भगाकर लाए थे। उसके माँ-बाप द्वारा की गई कार्यवाही दल के लिए घातक सिद्ध हो सकती थी। इस प्रकार आसक्ति में फँसकर कई सदस्य दल को हानि पहुँचा चुके थे।

अष्टम अध्याय

वीरगति

इधर भगतसिंह, राजगुरु तथा सुखदेव का फाँसी की सजा सुना दी गई थी, उधर चन्द्रशेखर आज़ाद फरार अपराधी घोषित थे। इन फरारी के दिनों में वे पुलिस की आँखों में धूल झोंकते हुए एक स्थान से दूसरे स्थान तक घूम रहे थे। पुलिस तो उनके पीछे पड़ी ही थी; उसके अनेक मुखबिर भी इनाम के लालच में घूम रहे थे। जरा-सा सन्देह होने पर भी पुलिस तलाशी लेने से नहीं चूकती थी, किन्तु आज़ाद के सामने केवल एक ही प्रश्न था कि ऐसी परिस्थितियों में दल को पुनः कैसे सुदृढ़ बनाया जाए। सम्भवतः वह अपने इस अभीष्ट की सिद्धी के लिए दक्षिण भारत जाने का विचार कर रहे थे।

अपने इसी विचार को कार्यरूप में परिणत करने के लिए वह इलाहाबाद पहुँचे। अन्त में 27 फरवरी, 1931 का वह अशुभ दिन भी आ गया। आज़ाद अपने एक साथी सुखदेवराज के साथ अल्फ्रेड पार्क में बैठे हुए थे। सुबह के दस बजे का समय था। सम्भवतः किसी देशद्रोही ने उनके अल्फ्रेड पार्क में होने की सूचना पुलिस को दे दी थी। इतने में दो पुलिस अधिकारी सूचना की सत्यता को जानने के लिए वहाँ आए, जिनके नाम विशेसर सिंह और डालचन्द था। डालचन्द चन्द्रशेखर आज़ाद को पहचानता था। उसने दूर से ही उन्हें देखा और पहचान लिया। इसके बाद दोनों लौट गए तथा तुरन्त यह सूचना गुप्तचर पुलिस अधीक्षक नॉट बावर को दे दी। नॉट बावर तुरन्त अपनी गाड़ी से अल्फ्रेड पार्क पहुँच गया तथा उसने अपनी गाड़ी आज़ाद से 10 गज की दूरी पर खड़ी कर दी। वह गाड़ी से उतरा और आज़ाद की ओर बढ़ा। वह आज़ाद को जीवित पकड़ना चाहता

था, अतः उसने उनकी ओर अपना रिवाल्वर तानते हुए उन्हें आत्मसमर्पण की चेतावनी दी। भला आज़ाद ऐसा कैसे कर सकते थे। वह उठ खड़े हुए। उन्होंने नॉट की चेतावनी का उत्तर अपनी रिवाल्वर हाथ में लेकर दिया। नॉट बावर ने गोली चला दी। इस पर आज़ाद ने भी गोली चलाई। गोरे की गोली आज़ाद की टाँग में लगी तथा आज़ाद की गोरे के कन्धे में। फिर दोनों ओर से गोलियाँ चलने लगीं। सम्भवतः और पुलिस भी आ गयी थी। नॉट बावर की कलाई घायल हो गई। गोलियां लगातार चल रही थीं, किन्तु कलाई घायल हो जाने पर नॉट बावर एक पेड़ की ओट में हो गया। आज़ाद घिसटते हुए एक पेड़ की ओट में हो गए। उनके पास भी पर्याप्त गोलियाँ थीं। उन्होंने साथी सुखदेवराज को गोलियाँ चलने पर वहाँ से भगा दिया था। यद्यपि वह जाने को बिलकुल तैयार नहीं थे, किन्तु आज़ाद ने उनकी एक भी नहीं सुनी और बलपूर्वक उन्हें वहाँ से भगा दिया था। अतः वह पुलिसवालों पर अकेले गोलियाँ बरसाते रहे। नॉट बावर के ओट में हो जाने पर उसकी जगह पुलिस अधिकारी विशेसर सिंह ने ले ली थी। आज़ाद ने उस पर निशाना साधा, इस निशाने से उसका जबड़ा टूट गया। विशेसर सिंह को इसकी बहुत बड़ी कीमत चुकानी पड़ी। उसका जबड़ा फिर कभी ठीक न हो सका और सेवाकाल समाप्त होने से पूर्व ही उसे कार्य मुक्त कर दिया गया।

दोनों ओर से गोलियाँ चलते-चलते काफी देर हो गई थी। कहा जाता है कि आज़ाद ने देखा कि उनकी रिवाल्वर में अन्तिम गोली शेष है, तो उन्होंने रिवाल्वर अपनी कनपटी से सटाई और गोली दाग दी। आज़ाद चिरनिद्रा में सो गए। मरते-मरते भी उन्होंने अपना आज़ाद नाम सार्थक कर दिया, क्योंकि वह कहा करते थे कि– "मैं आज़ाद हूँ और आज़ाद ही रहूँगा। पुलिस जीते जी मुझे कभी गिरफ्तार नहीं कर पाएगी।"

ऐसा ही हुआ। उनका निष्प्राण शरीर भूमि पर गिरा हुआ था, उसे उठाने के लिए पुलिस आगे बढ़ी, किन्तु उन्हें हाथ लगाने का यकायक किसी को साहस न हुआ; शेर तो आखिर शेर ही होता है। यदि उसमें जरा-सी भी साँस शेष हो ते वह मरते-मरते हाथ लगाने वाले का काम तमाम कर जाएगा। अतः उनके भूमि पर पड़े मृत शरीर को छूने से पहले पुलिसवालों ने उनके पाँव में एक गोली मारी तभी उन्हें हाथ लगाया।

आस-पास के लोगों को जब आज़ाद के घिर जाने का समाचार मिला, तो कई लोग म्योर कॉलेज के सामने जा पहुँचे थे और इस घटना को देखते हुए वहीं से 'आज़ाद जिन्दाबाद' के नारे लगा रहे थे। आज़ाद के भूमि पर गिर जाने पर ही पुलिस वालों का ध्यान नारे लगाने वालों की ओर गया, तब नॉट रिवाल्वर लेकर उनकी ओर लपका। इस पर लोग म्योर सेण्ट्रल कॉलेज तथा मुस्लिम हॉस्टल के परिसर की ओर भाग गए। इस समय उसे आज़ाद के शव को ले जाने की जल्दी थी, अतः उसने नारे लगाने वालों का अधिक पीछा नहीं किया और लौट गया। इसके बाद पुलिस आज़ाद के शव को लारी में रखकर ले गई तथा घोषणा कर दी कि आज़ाद पुलिस की गोली से मारे गए।

आज़ाद के अल्फ्रेड पार्क में होने की सूचना पुलिस को किसने दी, इस विषय में विभिन्न मत व्यक्त किए गए हैं। कुछ पुस्तकों में लिखा मिलता है कि यह सूचना वीरभद्र तिवारी ने दी तथा कुछ लोगों के अनुसार इलाहाबाद के एक सेठ ने यह सूचना दी थी। श्री मन्मथनाथ गुप्त ने स्पष्ट रूप से तो वीरभद्र तिवारी द्वारा मुखबिरी किए जाने का उल्लेख नहीं किया है, परन्तु उनके विचारों से यही जान पड़ता है कि वह यही कहना चाहते हैं कि यह दुष्कर्म वीरभद्र ने ही किया था। श्री गुप्त लिखते हैं–

"सन् 1931 की 27 फरवरी की बात है। दिन के दस बजे थे। चन्द्रशेखर आज़ाद इलाहाबाद के चौक से कटरा जाने वाली सड़क पर सुखदेवराज के साथ घूम रहे थे कि रास्ते में एकाएक वह चौंक पड़े। बात यह है कि उन्होंने वीरभद्र तिवारी को देखा था। यह वीरभद्र तिवारी काकोरी षड्यन्त्र में गिरफ्तार हुआ था, किन्तु रहस्यमय कारणों से छूट गया था। तभी से कुछ लोग उस पर सन्देह करते थे। किन्तु वीरभद्र ऐसा तजुर्बेकार तथा बात करने में चालाक था कि लोग उसकी बातों में आ गए। यही नहीं, वह दल का एक प्रमुख व्यक्ति हो गया। कहा जाता है बराबर दल में उसका यह रवैया रहा कि पुलिस से भी मिला रहता था और दल से भी। आज़ाद बहुत सीधे आदमी थे और वह उसके चकमे में बहुत ही जल्दी आ जाते थे। किन्तु कई बार धोखा खाकर आखिरी फैसला उसको साथ न रखने का किया था। वीरभद्र भी जानता था कि वह इस प्रकार दल से निकाल दिया गया है। इसीलिए इलाहाबाद में जब आज़ाद

ने वीरभद्र को देखा तो वह चौकन्ने हो गए। आज़ाद और सुखदेवराज जाकर अल्फ्रेड पार्क में एक जगह बैठ गए। इतने में पुलिस अफसर विशेसर सिंह और डालचन्द वहाँ आए। इनमें से डालचन्द आज़ाद को पहचानता था।"

'भारत के तीन क्रान्तिकारी' के लेखकद्वय श्री यशपाल शर्मा तथा श्री योगेन्द्र शर्मा के अनुसार यह मुखबिरी आज़ाद के एक धनी मित्र ने की थी, जिसके पास क्रान्तिकारी दल का पैसा रखा था–

इस समय आज़ाद प्रयाग में थे। उनके एक धनवान मित्र थे। उनके पास क्रान्तिकारी दल का रुपया जमा रहता था। चन्द्रशेखर आज़ाद दुबारा दल का संगठन करने के फिराक में थे। उसके लिए उन्हें रुपये की आवश्यकता थी। वह अपने मित्र सेठ के पास पहुँचे और रुपया माँगा। सेठ की नीयत में बदी आ चुकी थी। सेठ उन्हें मना नहीं कर सकता था इसलिए उसने बहाना बनाकर एक-दो दिन के लिए टाल दिया। कहा, कहीं से रुपया एक-दो दिन में आने वाला है। रुपया आते ही वह उन्हें दे देगा। चन्द्रशेखर आज़ाद सेठ की बदनीयती न भाँप सके, क्योंकि उसके व्यवहार में कोई अन्तर दिखाई न दिया था। रुपया देने में एक-दो दिन की पहले भी उसे कभी-कभी देर हो जाती थी। सेठ ने आज़ाद से बातों-बातों में कहा, "अब कहाँ जा रहे हो आज़ाद! यहीं रहो ना।"

"नहीं, मैं इस समय अल्फ्रेड पार्क जा रहा हूँ। कुछ काम है। कल आ जाऊँगा। रुपये का प्रबन्ध करके रखना।"

इधर आज़ाद घर से बाहर हुए और उधर सेठ ने पुलिस को जाकर सूचना दी। 27 फरवरी, सन् 1931 का दिन था। सुपरिण्टेन्टेण्ट ने तुरन्त सारे नगर की पुलिस को एकत्रित करके अल्फ्रेड पार्क को चारों ओर से घेरने की आज्ञा दी। चन्द्रशेखर आज़ाद अपने एक साथी से बातें कर रहे थे। उन्होंने दूर से ही पुलिस को देख लिया। चारों ओर दृष्टि फैलाई तो देखा चारों ओर पुलिस की घटा-सी घिरती चली आ रही थी।

श्री व्यथित-हृदय ने अपनी पुस्तक 'चन्द्रशेखर आज़ाद' में इन दोनों घटनाओं को मिलाकर प्रस्तुत किया है–

"आज़ाद का ध्यान प्रयाग की ओर गया। वह सोचने लगे, प्रयाग में एक व्यापारी के पास क्रान्तिकारी दल का आठ हजार रुपया जमा है। क्यों

न प्रयाग चलकर उस व्यापारी से उन रुपयों को वसूल किया जाए। क्रान्तिकारी दल के रुपये यदि दल के संगठन के काम में आ जाएँ, तो अच्छा ही है। तो फिर क्यों न आज ही प्रयाग के लिए रवाना हो जाऊँ? इस काम में अब देर नहीं करनी चाहिए। पर प्रयाग जाने से पहले एक बार तिवारी से मिल लेना चाहिए। संकट की इस घड़ी में तिवारी को छोड़कर दूसरा अपनी नहीं है। इस सम्बन्ध में उससे भी सलाह लेनी चाहिए। आज़ाद सोचते-सोचते उठ पड़े और तिवारी से मिलने के लिए उसके घर की ओर चल पड़े। उन्होंने उसके घर पहुँचकर उससे सलाह की, उसे अपनी पूरी योजना बताई। फिर वह उसी रात प्रयाग चले गए।"

आज़ाद ने प्रयाग पहुँचकर झूँसी के पास के वन को अपना निवास-स्थान बनाया। वह प्रतिदिन गंगा नहाते और ब्रह्मचारी वेश में उसी वन में रहा करते। वह उस वन में रहकर उस व्यापारी से सम्पर्क स्थापित करने का प्रयत्न किया करते थे जिसके पास दल के रुपये जमा थे। वह व्यापारी कौन था? क्या नाम था? इस सम्बन्ध में कहीं कुछ उल्लेख नहीं मिलता। मैंने उन दिनों जो बातें सुनी थीं, उनके आधार पर वह मनुष्य कोई वणिक व्यापारी नहीं था, एक बड़े प्रेस का मालिक था और दो अखबार भी निकालता था। उसने देशभक्ति का जामा पहन रखा था। आज़ाद और भगतसिंह आदि क्रान्तिकारी उसके घर जाया करते थे। आज़ाद जब प्रयाग गए, तो दो-एक बार तिवारी ने झूँसी में जाकर भेंट की। वह प्रेस के उस मालिक से भी मिला जिसके पास आठ हजार रुपया जमा थे। किसी तरह गुप्तचर विभाग के इंस्पेक्टर को तिवारी और आज़ाद के सम्बन्ध का पता चल गया। इंस्पेक्टर तिवारी के पास जा पहुँचा। उसे अपने जाल में फँसाता हुआ बोला– "मैंने सुना है तुम आज़ाद के घनिष्ट मित्र हो। तुम्हें इस बात का पता है कि आज़ाद आजकल कहाँ है? तुम गरीबी का जीवन बिताते हो, यदि तुम मुझे आज़ाद का पता बता दो, तो तुम्हें बड़ी सरलता से इनाम के दस हज़ार रुपये मिल सकते हैं।"

तिवारी ने साफ इंकार कर दिया। उसने कहा, "मैं आज़ाद के सम्बन्ध में कुछ नहीं जानता।" तिवारी आज़ाद का घनिष्ट मित्र था, वह क्रान्तिकारी नहीं था। पर वह उस पर अधिक विश्वास करते थे। वह जब भी कानपुर

जाते, उसके घर अवश्य जाते। उनकी सारी गतिविधियों का उसे पता रहता था। वह कहाँ जाते हैं? क्या करते हैं? ये सारी बातें उसे मालूम रहती थीं। तिवारी के इंकार कर देने पर इंस्पेक्टर उसके पीछे पड़ गया। उसने उसे समझाते हुए कहा, "दस हजार रुपये तुम्हें इनाम के तो मिलेंगे ही, सरकार तुम्हें पेंशन भी देगी। तुम और तुम्हारे बाल-बच्चे सुख से जीवन व्यतीत करेंगे। तुम्हारी वृद्धावस्था आराम से कटेगी। आज़ाद एक-न-एक दिन पकड़े तो अवश्य ही जाएँगे, फिर तुम क्यों हाथ में आए अवसर को खो रहे हो। संसार में कोई किसी का नहीं है। बुद्धिमान मनुष्य वही है, जो हाथ में आए हुए अवसर का उपयोग करता है।"

इंस्पेक्टर के प्रयत्नों से तिवारी का मन लोभ के जाल में फँस गया, पर उसकी अंतर्रात्मा ने उसकी भर्त्सना की। भीतर से आवाज निकली– तुम रुपये के लोभ में उस मित्र के साथ विश्वासघात करने जा रहे हो, जो तुम पर विश्वास करता है। वह देशभक्त है, पुण्यात्मा है, उसे गिरफ्तार कराओगे, तो तुम्हें नरक में भी स्थान नहीं मिलेगा।

किन्तु लोभ ने अंतर्रात्मा के स्वर को दबा दिया। तिवारी का मन फिसल गया। उसने इंस्पेक्टर से कहा, "यदि मुझे इनाम के पूरे रुपये पहले दे दिए जाएँ, तो मैं आज़ाद का पता बता दूँगा।"

इंस्पेक्टर ने कहा, "आधे रुपये आज अभी ले लो। आधे रुपये उस समय दिए जाएँगे, जब आज़ाद गिरफ्तार हो जाएँगे।"

और इंस्पेक्टर ने पाँच हजार रुपये के नोट तिवारी के सामने रख दिए। नोटों को देखकर उसके मुँह में लार आ गई। उसने लार को निगलते हुए नोट उठा लिए और आज़ाद के उस भेद को प्रकट कर दिया, जो अब तक किसी को ज्ञात नहीं था।

धरती काँप उठी। भारत माँ का आँचल आँसुओं से भीग गया, पर उन आँसुओं के मूल्य को समझने वाला कोई नहीं था। हाय रे जयचंद की सन्तानों! तुम्हारे ही कारण देश दासता के बन्धनों में बँधा। तुम्हारे ही कारण अंग्रेजों ने भारत पर शासन किया और तुम्हारे ही कारण आज भारत की स्वतन्त्रता और अखण्डता खतरे में पड़ी हुई है। तुम्हारी निन्दा किन शब्दों में की जाए? किन शब्दों में?

तिवारी को इलाहाबाद ले जाया गया। इलाहाबाद की पुलिस से

मिलाया गया। इलाहाबाद की पुलिस ने तिवारी के सहयोग से आज़ाद की गिरफ्तारी की योजना बनाई। तिवारी उस योजना के अनुसार कार्य करने लगा। ताने-बाने बुनने लगा।

लोभ के दैत्य ने तिवारी के कण्ठ को बुरी तरह जकड़ रखा था। उसने सोचा, जब पाप की कालिख मुँह में लगाई है, तो क्यों न अच्छी तरह लगा लूँ जिससे नरक के दूतों को भी मुझे पहचानने में कठिनाई न हो। मनुष्य जो भी काम करें, खूब करे, अच्छी तरह करे।

तिवारी ने लोभ के वशीभूत होकर सोचा कि पुलिस के दस हजार रुपये तो मिलेंगे ही, क्यों न उस रुपये को हड़प लें, जो प्रेस के मालिक के पास जमा हैं। आज़ाद को पता चलेगा तो कैसे चलेगा? वह मुझ पर अच्छी तरह विश्वास करते हैं। मैं उनसे जो कुछ कहूँगा, वह उसी को सच मानेंगे, उसी के अनुसार करेंगे।

तिवारी प्रेस के मालिक के पास पहुँचा। उसने उससे कहा– "आज़ाद को रुपये की अधिक आवश्यकता है। उन्होंने मुझे भेजा है। क्रान्तिकारी दल के आठ हजार रुपये जो तुम्हारे पास जमा हैं, मैं आज़ाद के पास पहुँचा दूँगा।"

प्रेस का मालिक और तिवारी दोनों एक-दूसरे से अच्छी तरह परिचित थे। तिवारी की बात सुनकर प्रेस के मालिक ने तिवारी से कहा- "इस समय रुपये में पास नहीं हैं, क्या तुम आज़ाद से कहकर मुझे कुछ और समय नहीं दिला सकते?"

वास्तव में बात यह थी कि प्रेस के मालिक की नीयत खराब हो गई थी। वह रुपया देना नहीं चाहता था। उसने सोचा था, पुलिस आज़ाद के पीछे लगी रहती है। वह स्वयं तो रुपया माँगने के लिए आएँगे नहीं, किसी को भेजेंगे तो टाल दूँगा। फिर क्यों न रुपए को हड़प लिया जाए?

तिवारी बोला– " तुम तो आज़ाद को अच्छी तरह जानते हो। वह वचन को भंग करने वाले को कभी क्षमा नहीं करते, भलाई इसी में है कि तुम रुपये मुझे दे दो।"

प्रेस के मालिक ने कहा– "पूरे रुपये तो मेरे पास नहीं हैं, केवल दो हजार हैं, यदि चाहो तो मैं इस समय दो हजार दे सकता हूँ।"

तिवारी ने सोचा कि भागते भूत की लँगोटी ही सही! मुफ्त के ही दो हजार क्या कम हैं? वह बोला–

"अच्छी बात है, दो हजार ही लाओ। मैं किसी तरह आज़ाद को मना लूँगा।"

प्रेस के मालिक ने दो हजार रुपये तिवारी को दे दिए, उसने सोचा यदि दो हजार दे देने से बला टल जाए तो क्या बुरा है? फिर भी छः हजार रुपए तो अपनी जेब में ही रहेंगे।

तिवारी रुपया लेकर चला गया। वह उसी दिन झाँसी जाकर आज़ाद से मिला। उसने आज़ाद से कहा–"मैं प्रेस के मालिक से बात कर आया हूं। वह 23 फरवरी को ठीक दस बजे दिन में कम्पनी बाग में लाइब्रेरी के सामने वाले पेड़ के नीचे, जो नाले के पास है, आपसे मिलेगा और आपको रुपए दे देगा।"

आज़ाद ने तिवारी की बात पर विश्वास कर लिया। उन्होंने कहा– "ठीक है मैं दस बजे के पहले ही पेड़ के नीचे पहुँच जाऊँगा।"

बेचारे आज़ाद को क्या पता था कि वह जिस पर विश्वास कर रहे हैं वही उन्हें मृत्यु के मुँह में भेज रहा है।

तिवारी ने आज़ाद के पास लौटकर घटना की सूचना पुलिस को दी।

23 मार्च, 1931 ई. के दिन के बारह बज रहे थे, धूप में तेजी आ गई थी। गुप्तचर विभाग के आदमी सादे वेश में कम्पनी बाग में घूम रहे थे। आज़ाद तिवारी के कथनानुसार दस बजे के पूर्व ही अपने एक साथी के साथ कम्पनी बाग में पहुँच गए और नाले से लगे हुए वृक्ष के नीचे बैठकर प्रेस के मालिक की प्रतीक्षा करने लगे।

अभी कुछ देर हुई थी कि पुलिस के आदमी आज़ाद को दिखाई पड़े। आज़ाद ने अपने साथी से कहा– "लगता है मेरे यहाँ पहुँचने की सूचना पुलिस को मिल गई है। पुलिस मुझे घेरे, इससे पहले ही तुम यहाँ से चले जाओ।"

क्रान्तिकारी साथी आज़ाद को छोड़कर जाना नहीं चाहता था। पर उन्होंने उसे चले जाने के लिए विवश कर दिया। वह एक आदमी की साइकिल छीनकर उस पर बैठकर चला गया।

साथी के जाने के कुछ ही देर बाद पुलिस कप्तान नॉट बावर पुलिस दल के साथ पेड़ के पास जा पहुँचा। उसके साथ पुलिस विभाग का इंस्पेक्टर विश्वेश्वर सिंह भी था।

नॉट बावर दूर से ही चेतावनी के स्वर में बोला– "आत्म-समर्पण कर दो, नहीं तो गोली मार दी जाएगी।"

आज़ाद उठकर खड़े हो गए। उन्होंने नॉट बावर की बात का उत्तर गोली से दिया। गोली उसकी कलाई में लगी। कलाई की हड्डी टूटी तो नहीं, पर लचक गई।

फिर तो पुलिस की ओर से गोलियाँ चलने लगीं। आज़ाद पेड़ की ओट में खड़े होकर अपनी रक्षा करने लगे। पुलिस की गोलियों का उत्तर गोलियों से देने लगे।

आज़ाद बड़ी वीरता से पुलिस दल का सामना कर रहे थे। पुलिस के लोग संख्या में अधिक थे, फिर भी वे आज़ाद के साहस को विचलित नहीं कर पा रहे थे। दुर्भाग्य से गोलियाँ समाप्त हो गईं– केवल एक गोली बच गई– अन्तिम गोली!

आज़ाद ने पिस्तौल अपनी कनपटी पर ले जाकर उस अन्तिम गोली को अपनी कनपटी पर चला दिया। गोली इस पार से उस पार निकल गई।

आज़ाद धरती की गोद में गिरते ही निष्प्राण हो गए।

श्री व्यथित हृदय ने अपनी इस पुस्तक के दो शब्द में लिया है–

"मैंने आज़ाद के बलिदान का जो दृश्य देखा था, वह आज भी मेरी आँखों के सामने झलकता है, उससे मुझे प्रेरणा मिलती है, उत्साह मिलता है। मैंने उनके बलिदान से लेकर आज तक उनके सम्बन्ध में बार-बार पढ़ा, तथ्यों का संग्रह किया। 'अमर शहीद चन्द्रशेखर आज़ाद' उसी का परिणाम है। मैं कह सकता हूँ कि इसमें जो बातें लिखी गई हैं, वे साधार एवं तथ्यपूर्ण हैं।"

स्पष्ट है कि श्री व्यथित हृदय ने अपनी पुस्तक की सामग्री की सत्यता का दावा किया है, किन्तु पुस्तक में आज़ाद की वीरगति को प्राप्त होने की तिथि 23 मार्च (अथवा 23 फरवरी), 1931 अमर शहीद भगतसिंह, राजगुरु तथा सुखदेव का बलिदान दिवस है, न कि आज़ाद का।

सुखदेवराज इस घटना से कुछ समय पूर्व तक आज़ाद के साथ ही थे। उनके अनुसार घटना का विवरण इस प्रकार है–

"27 फरवरी, प्रातः जलपान करने के बाद जब मैं अपनी साइकिल

से चला तो भैया आज़ाद रास्ते में ही मिल गए। हम दोनों बातें करते-करते पार्क की तरफ बढ़ चले। भैया मुझसे पूछ रहे थे कि चूँकि मैं बर्मा हो आया हूँ, क्या मैं बता सकता हूँ कि कुछ लोग बर्मा के रास्ते देश से बाहर जा सकते हैं। इस सन्दर्भ में मुझे जो जानकारी थी मैंने उन्हें दी। हम दोनों बातें करते-करते पार्क में पहुँच गए। वहाँ एक व्यक्ति पुल के ऊपर बैठा दातून कर रहा था। उसने आज़ाद को घूरना शुरू कर दिया। उसकी आंखें देखकर आज़ाद को कुछ सन्देह हुआ। उन्होंने मुझसे उल्लेख किया। मैंने फिर उस व्यक्ति की ओर देखा, किन्तु उसने अपना मुँह दूसरी ओर कर लिया।

"हम दोनों बातें करते हुए आगे बढ़े। इतने में एक मोटर सामने सड़क पर आकर रुकी। उससे एक अंग्रेज अफसर और सफेद कपड़ों में दो सिपाही बाहर निकले और हमारे निकट आकर कहने लगे कि तुम कौन हो? और यहाँ क्या कर रहे हो? बातें करते-करते उस अफसर ने अपनी बन्दूक निकाल ली इस पर भैया का हाथ अपनी पिस्तौल पर गया और मेरा हाथ मेरी पिस्तौल पर। गोरे ने जैसे ही बातें शुरू कीं और तनिक निकट आया, तो दोनों ने पिस्तौलें चला दीं, किन्तु गोरे की पिस्तौले पहले चल गई और आज़ाद की बाद में।

गोरे की गोली आज़ाद की टाँग में लगी और आज़ाद की गोली गोरे के कन्धे में! दोनों ओर से गोलियाँ चलनी शुरू हो गईं। एक गोली आज़ाद के दाएँ बाजू को चीरती हुई उनके फेफड़े में आ लगी। फिर भी गोली चलाते रहे। अफसर की कलाई टूट गई। उसने अपने प्राण बचाने के लिए अपनी मोटर में भागने का प्रयास किया। आज़ाद लहूलुहान हो चुके थे, फिर भी उन्होंने अपनी गोली से मोटर का टायर पंक्चर कर दिया।

"इस पर वह गोरा और उसके साथी एक वृक्ष के पीछे जा छिपे। आज़ाद भी एक वृक्ष की ओट में हो गए। दोनों ओर से गोलियाँ चलने लगीं। इतने में आज़ाद ने मुझे आदेश दिया कि मैं वहाँ से चला जाऊँ। वह स्वयं लड़ते-लड़ते वहाँ शहीद हो गए। किन्तु उन्होंने अपने एक साथी की जान बचा ली। आज़ाद का शव भूमि पर पड़ा था, किन्तु किसी पुलिस को उनके निकट जाने का साहस नहीं होता था। अन्ततः उसी गोरे अफसर ने एक सिपाही से कहा कि वह लाश पर तनिक दूर खड़ा होकर गोली चलाए।"

सुखदेवराज के इस वर्णन को भी अनेक लेखकों ने विश्वसनीय नहीं माना है। अनेक पुस्तकों के अनुसार स्वयं सुखदेव ही पुलिस का आदमी था। यशपाल के अनुसार वीरभद्र तिवारी द्वारा मुखबिरी की कहानी सुखदेवराज ने ही गढ़ी थी। सुखदेवराज पर इस आधार पर भी सन्देह की पुष्टि होती है कि गोलियाँ चलते समय वह आज़ाद के साथ ही था, जबकि उसे कोई गोली नहीं लगी और पुलिस की नजरों से वह सुरक्षित कैसे भाग गया? क्या पुलिस ने उस पर जान-बूझकर गोली नहीं चलाई।

इस विषय पर श्री मन्मथनाथ गुप्त की यह शंका उचित लगती है–

"यशपाल के अनुसार दल तोड़ दिया गया था, केन्द्रीय समिति तितर-बितर कर दी गई थी, पर यह पूछा जा सकता है कि उस भयंकर दिन इलाहाबाद में इतने क्रान्तिकारियों का जमघट क्यों था? यशपाल वहाँ थे, पाण्डेय वहाँ थे, सुखदेवराज थे, वीरभद्र था प्रश्न उठता है कि किसने विश्वासघात किया कितने ही आदमी थे जो अकेले या मिलकर उनसे विश्वासघात कर सकते थे। इस मामले में मुझे याद है कि इलाहाबाद में आज़ाद का शहादत की अर्द्धशताब्दी के दिन मौजूद व्यक्तियों में से एक ने बिना कुछ सोचे मेरे सामने कहा कि यदि मैं मुँह खोलूँ तो बहुतों के सिर लुढ़कते नजर आएँगे।"

प्रमाणों से जाहिर है कि वीरभद्र जो यशपाल के अनुसार डबल खुफिया था, उसके अलावा बहुत से ऐसे लोग थे, जो आज़ाद और भगतसिंह की ख्याति से जलते थे। वे आज़ाद को अपने उत्थान के मार्ग में रोड़ा समझते थे।"

सत्य चाहे जो भी रहा हो, इतना तो निश्चित है कि चन्द्रशेखर आज़ाद यहाँ पुलिसवालों से टक्कर लेते हुए वीरगति को प्राप्त हुए थे, इन मतमतान्तरों से उनके त्याग, बलिदान तथा भारतीय स्वतन्त्रता के इतिहास में उनके महती योगदान में कोई अन्तर नहीं पड़ता और महापुरुषों के सम्बन्ध में किंवदन्तियाँ भी प्रचलित हो ही जाती हैं।

आज़ाद के मृत शरीर को पुलिस उठाकर ले गई। इसके बाद वे लोग जो इस घटना को देखकर 'आज़ाद जिन्दाबाद' के नारे लगा रहे थे, पार्क में गए। उन्होंने आज़ाद के रक्त से सनी मिट्टी को उनकी अन्तिम

यादगार; एक पवित्र विभूति के रूप में उठा ली और अपने घरों को ले गए। श्री व्यथित हृदय ने स्वयं यह घटना देखी थी और यह मिट्टी भी उठाई थी। उन्होंने लिखा है–

"पुलिस के चले जाने पर हम लोग उस पेड़ के नीचे गए। देखा, मिट्टी रक्त से रँगी हुई है। हम लोग उस मिट्टी को अपने-अपने घर ले गए। वह मिट्टी बहुत दिनों तक मेरे पास थी, पर थी तो मिट्टी ही, अब वह मिट्टी में मिल गई है।"

पापी का मन सदा शंकित रहता है, इसीलिए अंग्रेजी सरकार को भय था कि यदि आज़ाद का शव जनता को दिया गया, तो सम्भव है जनता अपनी भावनाओं पर काबू नहीं रख सके। अतः उनका शव जनता को नहीं दिया गया। यही नहीं, जनता को इसकी भनक भी नहीं लगने दी गई तथा चुपचाप उनका अन्तिम संस्कार कर दिया गया। येन-केन-प्रकारेण राजर्षि पुरुषोत्तमदास टण्डन तथा श्रीमती कमला नेहरू को इसकी सूचना मिल गई। वे कुछ अन्य लोगों के साथ उस स्थल पर पहुँच गए, जहाँ पर संस्कार किया जा चुका था। अतः ये लोग इस महान् क्रान्तिकारी के कुछ अन्तिम अवशेषों को उठा लाए। दो-तीन दिन बाद एक सभा हुई, जिसमें राजर्षि पुरुषोत्तमदास टण्डन तथा श्रीमती कमला नेहरू ने भी भाग लिया। लोगों ने अपने प्रिय दिवंगत क्रान्तिकारी को श्रद्धांजलियाँ अर्पित कीं। प्रसिद्ध क्रान्तिकारी शचीन्द्र सान्याल की धर्मपत्नी भी इस सभा में उपस्थित थीं। आज़ाद को अपनी श्रद्धांजलि अर्पित करती हुई श्रीमती सान्याल ने कहा था–

"खुदीराम बोस की भस्म को लोगों ने ताबीज में रखकर अपने बच्चों को पहनाया, ताकि उनके बालक भी खुदीराम बोस की तरह वीर बन सकें। मैं इसी भावना से आज़ाद की राख की चुटकी लेने आई हूँ।"

इस पर लोगों ने उस भस्म को अपने माथे पर लगाया। बड़ी मुश्किल से थोड़ी-सी भस्म बची, जो त्रिवेणी में बहा दी गई।

अब भारतीय जनता के पास भारत माता के इस अद्वितीय सपूत की केवल यादें ही शेष थीं। वह पार्क जहाँ आज़ाद वीरगति को प्राप्त हुए थे, एक पवित्र भूमि बन चुकी थी। वह पेड़ जिसकी ओट से आज़ाद ने गोलियाँ चलाई थीं, एक पवित्र वस्तु; आराध्य की मूर्ति बन चुका था। लोगों ने

उसकी पूजा करनी प्रारम्भ कर दी थी, उस पर अपनी पवित्र श्रद्धा के प्रतीक फूल-पत्ते चढ़ाने शुरू कर दिए थे, किन्तु अंग्रेजों को यह सहन नहीं हुआ, अतः उन्होंने वह पेड़ भी कटवा डाला, ताकि आज़ाद का कोई भी स्मृति सूचक चिह्न शेष न रहे। इस प्रकार से किसी की स्मृति के भौतिक चिह्नों को नष्ट करने पर उसकी स्मृति नष्ट नहीं होती। आज़ाद भारतीयों के दिलों में बस गए थे और तब तक बसे रहेंगे जब तक भारतभूमि का अस्तित्व रहेगा। आज़ाद की मृत्यु से भारतवर्ष से एक श्रेष्ठ वीर; एक सच्चा देशभक्त उठ गया था। इसके साथ क्रान्तिकारियों के एक युग का भी अन्त हो गया।

नवम अध्याय

आजाद के जीवन के कुछ प्रेरक एवं स्मरणीय प्रसंग

धीरे-धीरे धुआँ देकर दीर्घकाल तक जलने से प्रचण्ड आलोक के साथ एक क्षण में जलकर बुझ जाना अच्छा है। वीर चन्द्रशेखर आज़ाद ने भी इसी उक्ति को अपने जीवन में चरितार्थ किया। उन्होंने अपने जीवन के केवल 25 वसन्तों में ही भारतीय इतिहास में अपना एक अद्वितीय स्थान बनाया।

यों तो चन्द्रशेखर आज़ाद का अशेष जीवन एक प्रेरक प्रसंग है, जिससे देशवासियों को त्याग-भावना, देश-प्रेम, निर्भीकता आदि शिक्षाएँ प्राप्त होती हैं। फिर भी उनके जीवन के कुछ ऐसे प्रेरक दृष्टान्त मिलते हैं, जिनसे प्रत्येक मनुष्य उनके विषय में कुछ सोचने के लिए बाध्य हो जाता है। उसके हृदय में मातृभूमि के लिए अपने पूर्ण यौवन में समस्त सुख-सुविधाओं तथा भोगों आदि का परित्याग करके वीरगति प्राप्त करने वाले इस अद्भुत व्यक्तित्व के लिए अनायास ही श्रद्धा का भाव उत्पन्न हो जाता है। अनेक विद्वान लेखकों ने आज़ाद के जीवन के प्रेरक प्रसंगों का अपनी पुस्तकों में वर्णित किया है। इन्हीं में से कुछ प्रसंग यहाँ प्रस्तुत किया जा रहे हैं–

- एक बार किसी ने गणेशशंकर विद्यार्थी को बताया कि आज़ाद के माता-पिता की स्थिति बड़ी दयनीय थी, उनके पास खाने को कुछ भी नहीं था। इससे विद्यार्थीजी को बड़ा दुःख हुआ। आज़ाद के आने

पर उन्होंने उन्हें दो सौ रुपये दिये और कहा कि वह इन रुपयों को अपने माता-पिता के लिए भिजवा दें। आज़ाद ने रुपये ले लिए, किन्तु दल के कार्यों पर खर्च कर दिया। जब वह पुनः विद्यार्थीजी से मिले तो विद्यार्थीजी ने उनसे पूछा कि क्या वे रुपये उन्होंने अपने माता-पिता के लिए भेज दिए। इस पर आज़ाद बोले, "विद्यार्थीजी 'मेरे माता-पिता को तो फिर भी कभी-न-कभी कुछ खाने-पीने को मिल जाता है, किन्तु मेरी पार्टी के कई ऐसे युवक हैं, जिन्हें कई बार भूखों ही रहना पड़ता है। मेरे माता-पिता वृद्ध हैं, मर भी गए तो देश को कोई हानि नहीं होगी, किन्तु मेरी पार्टी का कोई युवक भूख से तड़प-तड़पकर मर जाए, तो यह हमारे लिए बहुत शर्म की बात होगी और देश को इससे बहुत हानि होगी।'

- आज़ाद के सदा व्यायाम करने तथा संयमपूर्ण जीवन बिताने से उनका शरीर बलवान, सुदृढ़ एवं आकर्षक हो गया था, जिसे देखकर कई बार युवतियाँ स्वतः उन पर मोहित हो जाती थीं। इस प्रसंग में इससे पूर्व धीमरपुरा के ठाकुर मलखान सिंह के परिवार से आज़ाद और उनके साथी जीजी कहते थे। एक बार जीजी की कोई सहेली उनके धर में आई हुई थी, वह महिला कई बच्चों की माँ थी, किन्तु यौवन अभी ढला नहीं था। वह विधवा थी, परन्तु पुरुष मिलन की उसके हृदय में तीव्र इच्छा थी। वह ब्रह्मचारीजी (आज़ाद) पर मोहित हो गई। उसने अपने मन की बात जीजी को बताई। जीजी ने उसे ऐसा कुछ न करने की सलाह दी, किन्तु वह नहीं मानी।

  गर्मी की रात में आज़ाद ऊपर सोए हुए थे। वह महिला जाकर आज़ाद के बिस्तर पर बैठ गई। आज़ाद उठकर बैठ गए। आज़ाद समझे, जीजी भी आ रही होंगी। कुछ पल प्रतीक्षा करने पर भी जीजी नहीं आईं, तब आजाद ने उसके आने का कारण पूछा। इस पर वह महिला मुस्कराई और आज़ाद की ओर बढ़ी। आज़ाद पीछे हटते गए और वह आगे बढ़ती गई। उसने आज़ाद को धमकी दी कि वह उसकी बात न माने, तो वह हल्ला मचाकर उन्हें बदनाम कर देगी। आज़ाद कोई रास्ता न देख छत से कूद पड़े और हनुमान के मंदिर में पहुँच गए।

- आज़ाद और उनके साथी खनियाधाना के राजा के यहाँ रहे। इस विषय की सूचना पुलिस को मिल गई थी। अतः सरकार ने राज्य को जब्त कर लिया और प्रभुदयाल नामक एक व्यक्ति को उसका प्रशासक नियुक्त कर दिया, जो राजा पर भी निगरानी रखता था। एक बार राजा और प्रभुदयाल बाग में बैठे हुए थे। सहसा आजाद वहाँ पहुँच गए। राजा साहब को उनके इस तरह आने से बड़ा आश्चर्य हुआ। वह उनके सम्मान में उठ खड़े हुए और उनके मुँह से निकल पड़ा– "पण्डितजी महाराज पधारिए।"

साथ मैं बैठा प्रभुदयाल भी उठ खड़ा हुआ। राजा ने आज़ाद को बैठने के लिए कहा। तभी प्रभुदयाल बोल उठा– " पण्डितजी कौन हैं?"

"बहुत बड़े ज्योतिषी हैं।" राजा साहब ने कहा।

इस पर प्रभुदयाल ने उनका नाम जानना चाहा। राजा साहब एकाएक घबरा गए। आज़ाद उनकी घबराहट को समझ गए और तपाक से बोल उठे– " किशनलाल।"

इस प्रकार उन्होंने परिस्थिति को बिगड़ने से सँभाल लिया।

- राजगुरु कुछ रंगीन स्वभाव के व्यक्ति थे। एक बार उन्हें एक सुन्दर कैलेण्डर मिला, जिसमें किसी सुन्दर स्त्री का चित्र था। उन्होंने वह कैलेण्डर दल के कारखाने की दीवार पर टाँग दिया। आज़ाद ने उसे देखा तो टुकड़े-टुकड़े कर फेंक दिया। थोड़ी देर बाद राजगुरु ने चित्र की यह दुर्दशा देखी तो टुकड़े उठा लिए और आज़ाद पूछा–

"यह किसने किया?"

"मैंने किया," आज़ाद बोले।

"आपने इस सुन्दर चित्र को क्यों फाड़ा?"

"क्योंकि यह सुन्दर था।"

"क्या इसके मायने यह हैं कि जो कुछ भी सुन्दर है, उसे आप नष्ट कर देंगे?"

"हाँ, कर दूँगा?"

इस समय आज़ाद गुस्से में थे; गुस्से में व्यक्ति क्या-क्या कह जाता है उसका कोई वास्तविक अर्थ नहीं होता। ऐसा ही आज़ाद के साथ भी हुआ था। थोड़ी ही देर में उनका गुस्सा शान्त हो गया। एक घण्टे बाद

उन्होंने देखा कि राजगुरु कुछ कह रहे हैं– " हम लोग संसार को और अधिक सुन्दर बनाने के लिए चले हैं और यहाँ सारा सौन्दर्य नष्ट हो रहा है। यह अजीब तमाशा है।"

यह सुनकर आज़ाद का रहा-सहा गुस्सा भी जाता रहा। उन्हें स्वयं पर बड़ी ग्लानि हुई। तब राजगुरु को मनाने के उद्देश्य से उन्होंने कहा–

"देखो, मेरा मतलब यह नहीं था कि मैं ताजमहल को तोड़ूँगा। मेरा मतलब यह था कि हमने ब्रह्मचर्य की प्रतिज्ञा की है और हमारा लक्ष्य केवल वही होना चाहिए। मैं नहीं चाहता कि सौन्दर्य से हम इस समय गलत रास्ते पर चले जाएँ।"

- दल के सारे पैसे का हिसाब आज़ाद स्वयं सँभालते थे, ताकि एक पैसे का भी अपव्यय न हो। साण्डर्स-हत्याकाण्ड से कुछ ही दिन पहले दल के सदस्य लाहौर में थे। पैसे की कमी के कारण इन दिनों आज़ाद दल के प्रत्येक सदस्य को भोजन के लिए चार आने देते थे। भगतसिंह को भी चार आने दिए गए थे, किन्तु उन्होंने उस पैसे की पिक्चर देख डाली और वहाँ से लौटने पर आज़ाद को बता भी दिया। इस पर आज़ाद ने उन्हें खूब डाँटा। उनका कहना था कि इस प्रकार का दुर्व्यसन क्रान्तिकारियों के लिए हानिकारक है। दल के किसी सदस्य को ऐसे कार्यों को करने की आज्ञा नहीं दी जा सकती। तब भगतसिंह ने बताया कि यह पिक्चर अमेरिका के स्वाधीनता संग्राम के विषय में थी। इसके बाद आज़ाद ने उन्हें एक चवन्नी और दी तथा कहा कि वह पहले जाकर खाना खा लें।
- एक बार आज़ाद चाँदनी चौक में घण्टाघर के पास कहीं जा रहे थे। रास्ते में उन्हें कुछ लड़कियों ने रोक लिया और उनसे बोलीं, "या तो चूड़िया पहनकर घर में बैठो या देश की सेवा करो।"

आज़ाद ने अपना हाथ बढ़ा दिया और बोले, "मुझसे नहीं होगी देश की सेवा। आपकी ऐसी ही इच्छा है, तो मुझे चूड़ियाँ पहना दो। फिर सभी लड़कियों ने एक-एक कर उन्हें चूड़ी पहनाने का प्रयत्न किया, किन्तु कोई भी उन्हें चूड़ी नहीं पहना सकी; तब हारकर बोलीं, "इससे बड़ी चूड़ियाँ बाजार में नहीं हैं। जाओ देश की सेवा करो।"

हँसते हुए आज़ाद आगे बढ़ गए। लड़कियाँ देखती रह गयीं, किन्तु उन्हें क्या पता था कि यह पुरुष चन्द्रशेखर आज़ाद है।

- असेम्बली में बम धमाका करने की योजना बन चुकी थी। इस कार्य के लिए भगतसिंह एवं बटुकेश्वर दत्त का चुनाव हो चुका था। इन दोनों के साथ जयदेव एवं शिव वर्मा के अतिरिक्त दल के अन्य सभी सदस्यों को आदेश मिल चुका था कि वे सब दिल्ली से बाहर चले जाएँ। आज़ाद झाँसी जाने वाले थे इसलिए श्री शिव वर्मा भी उन्हें छोड़ने के लिए स्टेशन तक उनके साथ जा रहे थे। रास्ते में वह शिव वर्मा से बोले, " प्रभात! अब कुछ ही दिनों में ये दोनों (भगतसिंह तथा बटुकेश्वर दत्त) देश की सम्पत्ति हो जाएँगे। तब तक के लिए मेहमान समझकर इनके आराम-तफलीफ का ध्यान रखना।"

  (स्मरणीय है कि दल में श्री शिव वर्मा का नाम प्रभात था)
- 1921 में जब उनकी अवस्था पन्द्रह वर्ष के लगभग थी और उन्हें पहली बार पन्द्रह बेंतों की सजा मिली थी। बेंत लगने के बाद उनका सारा शरीर लहूलुहान हो चुका था। जब जेल के नियमों के अनुसार उन्हें तीन आने दिए गए, उन्होंने व पैसे जेलर गण्डासिंह के मुँह पर दे मारे और वहाँ से चले गए।
- आज़ाद जन्म से विशुद्ध शाकाहारी थे। वह शिकार खेलते थे, पर मांस नहीं खाते थे, किन्तु बाद में भगतसिंह के प्रभाव में आकर उन्होंने अण्डा खाना प्रारम्भ कर दिया था। इस विषय में श्री भगवानदास ने उनके जीवन की एक घटना का उल्लेख करते हुए लिखा है–

"खान-पान के सम्बन्ध में भी आज़ाद अपने व्यक्तिगत संस्कारों से एकदम शाकाहारी ब्राह्मण ही थे। उनका छुआछूत का भूत तो पण्डित रामप्रसाद बिस्मिल के नेतृत्व में काम करने के समय ही उतर गया था। एच.एस.आर.ए. के नेता के रूप में वह मांस आदि खाने के विरुद्ध तर्क विशेष नहीं करते थे, मगर वह उन्हें अच्छा नहीं लगता था। शिकार वह खूब खेलते थे, मगर स्वयं मांस नहीं खाते थे। राजा साहब खनियाधाना के यहाँ मैं तो शिकार भी करता था और खुल्लमखुल्ला मांस भी खाता था, इस पर वह मुझसे कुछ नाराज भी हुए थे। भगतसिंह उन्हें क्षत्रियों और क्षत्रियों जैसे काम करने वालों के लिए मांस खाने की अभीष्टता, उपयोगिता

और नीतिमत्ता पर लेक्चर झाड़कर अकसर चिढ़ाया करते थे। साण्डर्स वध के समय जब आज़ाद ने मुझे लाहौर बुलाया, तो मुझे यह देखकर विस्मय हुआ कि आज़ाद पर भगतसिंह का जादू चल गया और "पण्डितजी! यह क्या?" आज़ाद बोले, " अण्डे में कोई हर्ज नहीं है। वैज्ञानिकों ने उसे फल जैसा ही बताया है।" यह तर्क भगतसिंह का ही था, जिसे आज़ाद दुहरा रहे थे। मैंने बड़ी सूचकता से कहा– "बिलकुल ठीक पण्डितजी! अण्डा फल है, तो मुर्गी पेड़ के सिवा कुछ नहीं हो सकती। मैं भला कब उसे छोड़ूगा?" भगतसिंह खिल-खिलाकर हँस पड़े– "वास्तव में कैलाश तुम अच्छे तर्कशास्त्री हो सकते हो। भला पण्डितजी! देखिए।" आज़ाद बीच में ही बिगड़कर बोले– " चल बे, एक तो हमें अण्डा खिला रहा है, और ऊपर से बातें बना रहा है।"

- एक बार भगतसिंह ने आज़ाद से कहा था– "पण्डितजी! आप हमें अपनी जन्मभूमि और रिश्तेदारों के विषयों में बताएँ, ताकि कोई ऐसी-वैसी घटना हो जाए, तो हम उनकी सहायता कर सकें और देशवासियों को यह बता सकें कि शहीद कहाँ पैदा हुए थे।"

इस पर आज़ाद ने कुछ नाराजगी व्यक्त करते हुए कहा– "क्या तुम्हारा सम्बन्ध मुझसे है या मेरे रिश्तेदारों से? मेरी पैदाइश और मेरे माता-पिता के सम्बन्ध में तुम्हें पूछने की क्या जरूरत? मेरे घर के लोग किसी की सहायता नहीं चाहते और न मैं यह चाहता हूँ कि मेरी जीवनी लिखी जाए। यदि तुम इस तरह बात करते हो, तो गोपनीयता वाली हमारी शपथ का क्या होगा।"

- अशफाकउल्ला के भाई का संस्मरण उन्हीं के शब्दों में– "मैं अशफाकउल्ला से फाँसी घर में मिला। अशफाकउल्ला ने मुझसे यह पूछा कि क्या मुकद्दमा लड़ने के लिए पैसों की जरूरत है? इस पर मैंने कहा कि तुम कैदी हो– तुम क्या कर सकते हो? पर अशफाकउल्ला ने कहा– मैं आपको पैसे भेजूँगा।"

मैं शाहजहाँपुर लौट गया। इसके एक हफ्ते बाद जब मैं खाना खा रहा था तो कोई मुझसे मिलने आया तो मैंने देखा कि एक नौजवान खड़ा है। मैंने पूछा कि "क्या मामला है?"

नौजवान बोला– "अशफाक ने आपको कुछ पैसे भेजे हैं।"

कहकर उसने मुझे रुपयों का थैला दिया। मैंने पूछा कि "आपका नाम क्या है?" पर बोला– " मैं आपको सब कुछ बताऊँगा पर पहले मुझे एक माचिस दीजिए। मैंने सवेरे से बीड़ी नहीं पी है।"

मैंने वह थैला ले लिया और माताजी को सौंप दिया और उनसे पूछकर माचिस लेकर नौजवान से मिलने पहुँचा। पर वहाँ कोई नहीं था। उस थैले में 200 रुपये थे। एक हफ्ते बाद मैं अशफाक के पास गया और मैंने सारी बात बताई। इस पर अशफाक ने मुस्कराकर कहा– "वे चन्द्रशेखर आज़ाद थे। उनके सिर पर इनाम है। इसलिए वे सावधानी बरतते हैं।"

- अशफाक को फाँसी लगने के बाद उनके भाई उनके शव को मालगाड़ी से ला रहे थे। बालामऊ स्टेशन पर एक सूट पहने एक व्यक्ति गाड़ी में आया और उसने अशफाक का चेहरा देखना चाहा। अशफाक के भाई ने शव का चेहरा खोल दिया। सूट पहने व्यक्ति ने शव को तीन बार सलामी दी, लालटेन से शव का चेहरा देखा, तब उसकी आँखों से आँसू बह रहे थे। फिर उसने शव का चेहरा ढक देने को कहा। अशफाक के भाई ने उस व्यक्ति का नाम पूछा। इस पर उस व्यक्ति ने उनसे लालटेन ली और कहा-"मैं अभी आता हूँ।" इसके बाद वह व्यक्ति नहीं लौटा। तब अशफाक के भाई ने पहचाना कि वह आज़ाद ही थे।
- अपनी जीवनसंगिनी की कल्पना करते हुए वह कभी-कभी कहा करते थे–

"पहाड़-पहाड़ घूम रहे हो। एक राइफल उसके कन्धे पर हो और एक राइफल हमारे कन्धे पर। कारतूसों की बोरी साथ हो। दुश्मनों से घिर जाएँ। वह राइफल भरती जाए और हम दनादन गोली मारते जाएँ।"

- कहा जाता है कि एक बार भगतसिंह और आज़ाद आपस में हास-परिहास कर रहे थे। उनकी बात का विषय था कि दोनों में कौन मरेगा। आज़ाद ने भगतसिंह से कहा कि वह (भगतसिंह) किसी सिनेमा घर में सिनेमा देखते पकड़ा जाएगा और अकाल मारा जाएगा। इसके उत्तर में भगतसिंह ने कहा कि उसे (आज़ाद को) मारना भी पुलिस के लिए आसान नहीं होगा, क्योंकि इतनी मोटी

गर्दन को फाँसी पर लटकाने के लिए पुलिस को रस्सा भी नहीं मिल पाएगा। एक रस्से से काम भी नहीं चलेगा; दो रस्सों की जरूरत पड़ेगी– एक गले के लिए; एक पेट के लिए। इस पर आज़ाद ने अपने पिस्तौल पर हाथ रखते हुए कहा था, इसके होते हुए कौन माई का लाल है, जो मुझे गिरफ्तार कर सके।"

- एक बार कुछ लोगों ने उन्हें सलाह दी थी कि क्रान्तिकारी दल बिखर चुका है, इसीलिए उन्हें भागकर रूस चला जाना चाहिए, क्योंकि पकड़े जाने पर उनके लिए फाँसी निश्चित थी। यह सुनकर आज़ाद ने कहा था– " रूस-फूस की बातें मेरे साथ मत करो। मेरा शरीर भारत की मिट्‌टी से बना है और मैं भारत की आज़ादी के लिए शत्रु से लड़ते-लड़ते इसी देश की धरती पर मरकर इसकी धूल में मिल जाऊँगा।"
- एक बार आज़ाद अपने साथियों– भगतसिंह, रामचन्द्र, मास्टर छैलबिहारीलाल, विश्वम्भर दयाल आदि के साथ लैंसडाउन गए हुए थे पहाड़ियों पर उन्हें निशाना लगाने का प्रशिक्षण दे रहे थे। इतने में साथियों ने उनका (आज़ाद का) निशाना देखने की इच्छा व्यक्त की, क्योंकि उनका निशाना अचूक था। आज़ाद ने उनकी इच्छा को मान लिया। साथियों ने किसी पेड़ के एक पत्ते पर निशाना लगाने को कहा। आज़ाद ने निशाना लगाया और पाँच गोलियाँ चला दीं, किन्तु पत्ता नहीं गिरा। साथियों को बड़ी निराशा हुई और उन्होंने समझ लिया निशाना चूक गया। अन्त में पत्ता तोड़ा गया; उसमें पाँचों गोलियों के अलग-अलग पाँच छिद्र बने हुए थे। यह देखकर उनके साथी उनकी प्रशंसा किए बिना नहीं रह सके।

दशम अध्याय

व्यक्तित्व और विचार

भारतीय इतिहास में चन्द्रशेखर आज़ाद एक अविस्मरणीय, अद्वितीय एवं अद्‌भुत व्यक्तित्व हैं। एक अत्यन्त साधारण, जिसे निर्धन कहा जा सकता है, ऐसे परिवार में जन्म लेकर भी उन्होंने भारतीय स्वतन्त्रता के इतिहास में जो भूमिका निभायी वह अपने आपमें सर्वथा अनूठी है। उनकी पारिवारिक पृष्ठभूमि तथा उनके कार्यों को देखते हुए कोई भी व्यक्ति सहसा यह करने के लिए विवश हो जाता है कि चन्द्रशेखर आज़ाद जैसी गोरवमय विभूतियाँ विरले ही पैदा होती हैं, जो स्वयं एक आदर्श बनकर आने वाली पीढ़ियों के लिए एक सन्देश देती हैं कि व्यक्ति की आर्थिक स्थिति अथवा उसकी अपनी पारिवारिक पृष्ठभूमि सामान्य से निम्न होने पर भी यदि व्यक्ति में योग्यता है, तो वह स्वयं अपना स्थान निर्मित कर लेता है, उस व्यक्ति का अपना स्वत्व ही महत्वपूर्ण है, इसके लिए उसे धन-सम्पत्ति, घर-परिवार, शिक्षा-दीक्षा अथवा आयु की भी आवश्यकता नहीं होती।

यद्यपि चन्द्रशेखर आज़ाद ने अपने विचारों की अभिव्यक्ति के लिए कोई पुस्तक नहीं लिखी और न ही उन्होंने कोई लम्बे-चौड़े भाषण ही दिए, फिर भी उनके क्रान्तिकारी जीवन के कार्यों से उनके व्यक्तित्व तथा विचारों की सुस्पष्ट अभिव्यक्ति हो जाती है। उनके जीवन के इन कार्यों से उनके निम्नलिखित गुणों का परिचय प्राप्त होता है।

एक स्वनिर्मित व्यक्तित्व

चन्द्रशेखर आज़ाद का जन्म एक अत्यन्त निर्धन परिवार में हुआ था। उनके पिता की आर्थिक स्थिति इतनी दयनीय थी कि वह अपने पुत्र को शिक्षा देने के लिए किसी पाठशाला में भेजने में भी असमर्थ थे। दल के सन्दर्भ में उनकी इसी निर्धन पारिवारिक स्थिति का वर्णन करते हुए भगवानदास ने लिखा है–

"आज़ाद के साथियों यानी उनके नेतृत्व में काम करने वालों में शायद ही किसी को उनसे कम स्कूली शिक्षा मिली होगी। शायद ही कोई इनसे अधिक गरीबी की हालत में उत्पन्न हुआ होगा। उनके साथ उनके पिता, भाई या किसी अन्य सम्बन्धी की देशभक्ति, त्याग, तपस्या, वीरता या अन्य किसी प्रकार के बड़प्पन की छाया भी नहीं लगी हुई थी।"

इसी विषय में श्री मन्मथनाथ गुप्त ने भी लिखा है–

"इनके पिता पं. सीतीराम बहुत मामूली नौकरी करते थे, इसलिए अंग्रेजी पढ़ने का कोई प्रश्न ही नहीं उठा। आज़ाद संस्कृत पढ़ने के लिए काशी भेजे गए। ब्राह्मण विद्यार्थी थे इस कारण खाने-पीने तथा रहने की मामूली व्यवस्था हो गई। काशी में धार्मिक लोगों की ओर से संस्कृत छात्रों के लिए छात्र-निवास तथा क्षेत्र खुले हुए थे। कभी-कभी लोटा-कम्बल ऐसी चीजें भी बँटती रहती थीं। कभी-कभी कुछ दक्षिणा भी मिलती थी।"

इन विद्वानों की उपर्युक्त पंक्तियों से आज़ाद के परिवार की तथा उन परिस्थितियों की, जिनका सामना उन्हें अपने बाल्यकाल में तथा अध्ययन के दिनों में करना पड़ा था, स्पष्ट अभिव्यक्ति हो जाती है। किन्तु आज़ाद ने सिद्ध कर दिखाया कि इस प्रकार की स्कूली शिक्षा ही सब कुछ नहीं है। व्यक्ति की पारिवारिक स्थिति चाहे कितनी ही दयनीय क्यों न हो और चाहे उसे कहीं भी शिक्षा न मिली हो, इससे उसकी अपनी जन्मजात योग्यता छिपी नहीं रह सकती। इनके न होने पर भी व्यक्ति अपनी योग्यता के बल पर उन्नति के चरम शिखर पर पहुँच सकता है, एक आदर्श प्रस्तुत कर सकता है, जिसके आगे बड़े-बड़े धनवानों एवं सुशिक्षितों को नतमस्तक हो जाना पड़ता है। इसी तथ्य की ओर संकेत करते हुए श्री मन्मथनाथ गुप्त ने आज़ाद के विषय में लिखा है–

"अवश्य चन्द्रशेखर आज़ाद कम पढ़े-लिखे, केवल स्कूल-कॉलेज की दृष्टि से ही थे, पर उनमें पढ़ी हुई पुस्तकों का सार ग्रहण करने की बड़ी शक्ति थी। इसके अलावा वह शुरू से लेकर हमेशा ऐसे सुपठित क्रान्तिकारियों के साथ रहे, जो बड़े विद्वान होने के साथ ही दिन-भर सैद्धान्तिक तर्क करते रहते थे।"

स्पष्ट है आज़ाद को सुशिक्षित क्रान्तिकारियों का साथ मिला था। इसके साथ ही व्यावहारिक ज्ञान के लिए वस्तुतः किसी शिक्षा की कोई अनिवार्य आवश्यकता है भी नहीं। विश्व का इतिहास इस बात का साक्षी है कि विश्व के अनेक महापुरुष अशिक्षित थे। वस्तुतः आज़ाद के व्यावहारिक ज्ञान से उनके दल के सभी सदस्य अत्यधिक प्रभावित थे। इसीलिए नए क्रान्तिकारी दल 'हिन्दुस्तान समाजवादी गणतान्त्रिक सेना' के संगठन पर आज़ाद को उसका प्रधान सेनापति बनाया गया।

व्यावहारिक ज्ञान की प्रवीणता तथा शिक्षा प्राप्त करना दो भिन्न-भिन्न चीजें हैं। कोई आवश्यक नहीं कि सुशिक्षित व्यक्ति व्यावहारिक ज्ञान से भी परिपूर्ण ही हो। व्यावहारिक सूझ-बूझ, साहस, देशभक्ति की भावना, नैतिकता आदि सद्‌गुण व्यक्ति की जन्मजात उपलब्धियाँ होती हैं। आज़ाद का व्यक्तित्व इन गुणों से परिपूर्ण था। उनके इसी गुण का वर्णन करते हुए श्री भगवानदास लिखते हैं, "उन्होंने नेता का पद पुस्तकीय ज्ञान, व्यावहारिक सूझ-बूझ, अदम्य साहस और सर्वोपरि अपने साथियों की सुख-सुविधा की हार्दिक स्नेहपूर्ण चिन्ता और गाढ़े समय में कुशल नेतृत्व प्रदान करके ही पाया।"

इसी विषय को और अधिक स्पष्ट करते हुए श्री मन्मथनाथ गुप्त लिखते हैं–

"बौद्धिक तर्कों से ही आदमी समझता है, यह कहना भूल है। अन्य बातों का असर होता है। एक व्यक्ति की पृष्ठभूमि जिसे आध्यात्मिक लोग उससे निकलने वाली ज्योति कहेंगे, उसकी ईमानदारी, उसका विश्वास सब बातों पर असर पड़ता है। उदाहरणस्वरूप कई बार बुद्धि पर यानी समझाने की प्रक्रिया पर सौन्दर्य, रूप, रस, गन्ध, शब्द और स्पर्श का भी बड़ा भारी असर होता है।"

अपने इसी व्यावहारिक ज्ञान के कारण वह सुशिक्षित क्रान्तिकारियों

के नेता बने थे। भगतसिंह जैसे सुशिक्षित विद्वान भी उनके व्यक्तित्व के सामने श्रद्धा से झुक जाते थे। आज़ाद वास्तव में गुदड़ी के लाल थे, ऐसे लाल, जिन्होंने अपने आलोक से दुनिया को एक नया प्रकाश दिखाया।

चरित्र-बल के प्रतीक

आज़ाद एक सच्चे देशभक्त थे। उनके लिए मातृभूमि की स्वतन्त्रता ही एकमात्र लक्ष्य बन गई थी। अपने इस उद्देश्य की प्राप्ति के लिए उन्होंने जीवन के सभी सुखों एवं भोगों का परित्याग कर दिया था। वह संस्कृत के विद्यार्थी रह चुके थे, फलतः उन्होंने गीता का भी अध्ययन किया होगा। इसलिए उन्होंने कदाचित् गीता से यह शिक्षा ग्रहण की थी कि 'विषय-वासनाओं के ध्यान से आसक्ति, आसक्ति से काम, काम से क्रोध, क्रोध से आज्ञान, अज्ञान से स्मृति विभ्रम, स्मृति विभ्रम से बुद्धिनाश तथा बुद्धिनाश से सर्वात्मना पतन निश्चित होता है' अर्थात किसी भी लक्ष्य को प्राप्त करने के लिए विषयों से दूर रहना नितान्त आवश्यक है। इसीलिए आज़ाद के जीवन में एक प्रशंसनीय चरित्रबल के दर्शन होते हैं। उनका चरित्र एक आदर्श है। वह प्रत्येक स्त्री में अपनी माँ के दर्शन करते थे। इस विषय में उनके दल के कुछ अन्य सहयोगियों के विचार उनसे कुछ भिन्न थे। कुछ साथी स्त्रियों के प्रेम के चक्कर में दल को हानि पहुँचा चुके थे। इसलिए आज़ाद अपने साथियों को इस बात से दूर ही रहने की सलाह देते थे। उनकी इस आदर्श सच्चरित्रता के विषय में श्री वीरेन्द्र ने लिखा है–

"चन्द्रशेखर आज़ाद के जीवन का सबसे उजागर पक्ष था महिलाओं के विषय में उनका रवैया। वह सदा उनसे दूर रहते थे। उनका अपना शरीर बहुत सुन्दर था। निरन्तर कई वर्ष परिश्रम एवं व्यायाम करके उन्होंने उसे बनाया था। इसीलिए एक-दो बार कुछ ऐसी घटनाएँ भी हो गईं कि नौजवान औरतों ने उन्हें अपने जाल में फँसाने का प्रयास किया। किन्तु आज़ाद सदा यही कहा करते थे कि एक क्रान्तिकारी एक ही समय में दो चीजों से प्रेम नहीं कर सकता। वह अपने देश से प्रेम करे या किसी युवती से। देश से प्रेम करना है तो इसके लिए सब कुछ बलिदान करना

पड़ेगा। इसमें किसी दूसरे से प्रेम के लिए तनिक भी स्थान नहीं है। आज़ाद के कई साथी स्त्री प्रेम का शिकार हो गए थे। इसके कारण उनकी पार्टी को भी हानि पहुँची। किन्तु आज़ाद ऐसे लोगों को कभी क्षमा करने के लिए तैयार नहीं होते थे, जो किसी स्त्री के कारण अपनी पार्टी को क्षति पहुँचाते थे। अपने एक ऐसे ही साथी को एक बार वह गोली से उड़ाने को भी तैयार हो गए थे। वह अपने किसी साथी में इस प्रकार का नैतिक दौर्बल्य सहन करने को कदापि तैयार नहीं थे।"

नैतिक दुर्बलता मनुष्य को अपने कर्तव्य से विमुख कर देती है। उनके दल का कर्तव्य कोई व्यक्तिगत स्वार्थमय कर्तव्य नहीं था, अपितु इसके समक्ष पूरे देश के भविष्य का प्रश्न था। इसलिए ऐसे महत्वपूर्ण कर्तव्य के लिए व्यसनों का परित्याग आवश्यक था। इस सबको दृष्टि में रखते हुए आज़ाद का यह कठोर व्यवहार आवश्यक था। अनुशासन बनाए रखने के लिए दल के नेता का अपना चरित्र उत्तम होना प्रथम आवश्यकता है, जो सच्चरित्रा की अपेक्षा भी कर सकता है और दलीय अनुशासन के लिए इस प्रकार कठोर व्यवहार आवश्यक भी है। इससे पहले एक घटना का उल्लेख किया जा चुका है कि जब वह ठाकुर मलखान सिंह के यहाँ रात में सोए हुए थे, तो उनकी एक बहिन की सहेली उनके बिस्तर पर आकर बैठ गई थी। वस्तुतः ऐसी ही घड़ियाँ व्यक्ति के चरित्र का परीक्षा काल होती हैं। ऐसी परिस्थितियों में, वह अपने यौवन के चरम शिखर पर थे। अपने पर नियन्त्रण रख पाना हर किसी के वश की बात नहीं है। ऐसा अद्भुत आत्मसंयम केवल आज़ाद जैसे व्यक्ति में ही सम्भव है।

भारतीय संस्कृति की ही विशेषता है कि यहाँ नारी को सम्मानपूर्ण नजरों से देखने की शिक्षा दी गई है। आज़ाद पर अपनी संस्कृति का पूर्ण प्रभाव था। इसीलिए वह चारित्रिक उदारता के साथ ही हर स्त्री को सम्मान का पात्र समझते थे। इस प्रसंग में उनकी डकैती का उल्लेख पिछले अध्यायों में हो चुका है। इस डकैती में उन्होंने अपने ही दल के एक सदस्य को गोली मार दी थी, क्योंकि वह उस घर की, जहाँ डकैती डाली जा रही थी, एक युवती से साथ दुर्व्यवहार कर रहा था।

क्रान्तिकारियों का लक्ष्य मातृभूमि को पराधीनता के बन्धन से मुक्त कराना था, वे कोई आंतकवादी नहीं थे। दल के उक्त सदस्य का व्यवहार

क्रान्तिकारियों के सिद्धान्तों के विरुद्ध था। इस प्रकार का दुराचरण आज़ाद कभी सहन नहीं कर सकते थे। उस समय की परिस्थितियों में, जब उनके सामने मातृभूमि की स्वतन्त्रता ही एक मात्र लक्ष्य थी, दल के सदस्यों को इस प्रकार के नैतिक पतन से बचाना दल के नेता का और भी अधिक महत्वपूर्ण कर्तव्य बन जाता था; विपत्ति के समय में सुरक्षा के नियमों में और भी कठोरता आ जाती है। इसीलिए आज़ाद इस मामले में दल के सदस्यों को बिलकुल भी ढील नहीं देना चाहते थे। इस समय वे सब केवल दल के कार्यों पर ही ध्यान दें, यही उन्हें अभीष्ट था, अतः वह नहीं चाहते थे कि दल का कोई सदस्य स्त्री-प्रेम की चर्चा भी करे। इस प्रकार की चर्चा होने पर वह प्रायः कहा करते थे– "फिर वही चुम्बक वाली बात, जिसे लगा ले डूबा।"

केवल स्त्री विषयक ही नहीं, वह युवकों को हर बुराई से दूर रखना चाहते थे। वह प्रायः कहा करते थे कि "क्रान्तिकारी को स्त्री, शराब और सिगरेट इन तीनों से दूर रहना चाहिए। ये तीनों वस्तुएँ किसी भी समय इनका बेड़ा गर्क कर सकती हैं।

इसका यह अर्थ नहीं था कि वह स्त्री से घृणा करते थे। वह स्त्री को सम्मानपूर्ण स्थान देना चाहते थे। ऐसा ही अपेक्षा वह दल के अन्य सदस्यों से भी करते थे। किन्तु साथ ही भावनाओं में बहकर युवक अपना कर्तव्य भूल जाएँ, इसके वह पूर्णतया विरुद्ध थे।"

परम्परा एवं प्रगतिशीलता के समन्वय

उनका जन्म एक ब्राह्मण परिवार में हुआ था, जो पारम्परिक रूढ़ियों से मुक्त नहीं था। यों भी उस समय के समाज में आज की तुलना में अधिक रूढ़ियाँ व्याप्त थीं। जात-पाँत, छुआछूत, खान-पान आदि पारिवारिक रूढ़ियों का आज़ाद के प्रारम्भिक जीवन में स्वाभाविक रूप से प्रभाव था। इसके साथ ही वह संस्कृत के विद्यार्थी रहे थे। अतः उस वातावरण का प्रभाव भी उनमें रहा था।

इस प्रकार के वातावरण में जन्म लेकर तथा इसी प्रकार के वातावरण में शिक्षा प्राप्त करके यदि उनके प्रारम्भिक जीवन में समाज की इन कुरीतियों का प्रभाव रहा भी हो, तो इसमें कोई आश्चर्य की बात नहीं।

अपने वातावरण से मुक्त रह पाना एक बालक के लिए प्रायः असम्भव ही होता है। हिन्दू समाज जहाँ छुआछूत आदि कुप्रथाओं से ग्रस्त है; वहीं इसके कुछ महत् उज्ज्वल पक्ष भी हैं, अतः आज़ाद ने इन कुप्रथाओं को ही ग्रहण नहीं किया, अपितु इस महत् उदात्त पक्ष को भी लेकर चले। सच तो यह है कि बाद के अपने क्रान्तिकारी जीवन में उन्होंने इन बुराइयों के लिए अपने जीवन में कोई स्थान नहीं रहने दिया जबकि अच्छाइयों को अपने से कभी अलग नहीं होने दिया।

अपने प्रारम्भिक क्रान्तिकारी जीवन में उन्हें पण्डित रामप्रसाद बिस्मिल जैसे क्रान्तिकारियों का सहयोगी बनने का सौभाग्य प्राप्त हुआ। इससे पूर्व आज़ाद एक कट्टर ब्राह्मण थे, किन्तु पण्डित बिस्मिल आर्यसमाजी थे। उनमें आर्य समाज की धार्मिक-सामाजिक उदारता कूट-कूटकर भरी थी। परिणामतः आज़ाद भी उनसे प्रभावित हुए और छुआछूत आदि संकीर्णताएँ उनके जीवन से जाती रहीं। वह इन भावनाओं की निःसारता को समझ गए।

इसके बाद वह अमर शहीद भगतसिंह के सम्पर्क में आए, जो कार्ल मार्क्स के सिद्धान्तों तथा रूप की महान क्रान्ति से प्रभावित थे और इन्हीं सिद्धान्तों के सम्पर्क में आने के बाद वह 'हिन्दुस्तान समाजवादी गणतान्त्रिक' के अध्यक्ष बने। इन सबके प्रभाव से उनके विचारों में भी परिवर्तन आया, वह भी कार्ल मार्क्स के समाजवादी सिद्धान्तों से प्रभावित हुए बिना नहीं रहे।

इस प्रकार एक कट्टर ब्राह्मण चन्द्रशेखर तिवारी पहले उदार आर्य-समाजी और फिर एक प्रगतिशील समाजवादी बन गए, किन्तु विशेष ध्यान देने योग्य बात यह है कि अपने धर्म के प्रशंसनीय सांस्कृतिक पक्ष का उन्होंने कभी परित्याग नहीं किया। यद्यपि पहले स्त्री के विषय में उनका दृष्टिकोण कुछ अनुदार अवश्य रहा था, वह दल में उनके प्रवेश के ही विरुद्ध थे, परन्तु अब क्रान्तिकारियों, विशेषकर भगतसिंह के सम्पर्क में आने से उनके इस दृष्टिकोण में परिवर्तन आ गया था, साथ ही यह भी सत्य है कि वह प्रबल समर्थक थे। आज़ाद में हुए इन परिवर्तनों का उल्लेख श्री भगवानदास ने निम्नलिखित शब्दों में किया है–

"हमें यह ध्यान रखना चाहिए कि मध्यभारत की एक छोटी-सी रियासत अलीराजपुर के एक गाँव में एक कट्टर ब्राह्मण के घर आज़ाद का जन्म हुआ था, जिसे यदि जात-पाँत, छुआछूत और नारी के प्रति तेरहवीं सदी की मनोवृत्ति वाला कहा जाए, तो अनुचित नहीं होगा और फिर इस वातावरण से प्रगति करते-करते वह बीसवीं सदी के तृतीय दशक के भारतीय क्रान्तिकारियों की अग्र पंक्ति के नेता बने। दस-बारह वर्ष की आयु में कट्टर ब्राह्मण के रूप में संस्कृत पढ़ने के लिए घर से भागकर काशी पहुँचे। वहाँ राष्ट्रीय लहर में रँगे, सत्याग्रह किया, बेंतों की सजा पाई और क्रान्तिकारियों में शामिल हुए। अमर शहीद रामप्रसाद बिस्मिल के नेतृत्व में उनके विचारों में आर्यसमाजीपन आया और छुआछूत, मूर्ति-पूजा आदि को वह निःसार समझने लगे। बाद में भगतसिंह आदि के संपर्क से धीरे-धीरे उन्होंने समाजवादोन्मुख धर्म-निरपेक्ष दृष्टिकोण अपनाया और भारतीय समाजवादी प्रजातन्त्र सेना के प्रधान सेनानी हुए। निश्चय ही एक कट्टर ब्राह्मणवादी बालक से अग्र पंक्ति के क्रान्तिकारी प्रगतिशील नौजवान नेता के विकास की प्रगति के अनेक स्तर बहुत थोड़े समय में आज़ाद ने पार किए। स्त्रियों के सम्बन्ध में आज़ाद अपने व्यक्तिगत जीवन में तो सदा एक नैष्ठिक ब्रह्मचारी ही रहे। पहले वह दल में स्त्रियों के प्रवेश के विरुद्ध ही थे, और इसीलिए थे कि उनके नेतृत्व के पूर्व यही पंरपरा थी। परन्तु बाद में स्त्रियों ने दल में काम किया और खूब अच्छी तरह किया। "नारी नरक खान" वाली मनोवृत्ति से नारी को एक सक्रिय क्रान्तिकारिणी, समान सहयोगिनी के रूप में मानने के बीच की सभी मनोदशाएँ आज़ाद में समय-समय पर रही होगी यह स्पष्ट है। अंतिम दिनों में आज़ाद बड़े उत्साह से दल की सभी स्त्री सदस्याओं को गोली चलाना, निशाना लगाना आदि सिखाते थे। दल के सहानुभूति रखने वाले व्यक्तियों के घरों की स्त्रियों को भी वह इसके लिए उत्साहित करते थे तथा क्रान्तिकारी कार्यों में अपने पति का सक्रिय सहयोग करने के लिए उन्हें बार-बार तरह-तरह की प्रेरणा देते थे। स्त्रियों में उनका व्यवहार बड़ा सरल और आत्मीयतापूर्ण होता था। यह सब होते हुए भी वह इस बात के घोर शत्रु थे कि कोई दल का सदस्य स्त्रियों के प्रति अनुचित

रूप से आकृष्ट हो, किसी प्रकार यौन कमजोरी तो उनके लिए असह्य थी। परन्तु पति-पत्नी दोनों क्रान्तिकारी कार्यों में लगें, इससे अधिक अभीष्ट बात उनके लिए और कोई नहीं थी।"

यही नहीं भगतसिंह के प्रगतिशील विचारों से प्रभावित होकर उनके खान-पान में भी परिवर्तन आ गया था। पारिवारिक संस्कारों से विशुद्ध शाकाहारी ब्राह्मण होने पर भी अब व अण्डे का सेवन करने लगे थे। इस विषय में भी श्री मन्मथनाथ ने उनके जीवन की एक घटना का उल्लेख करते हुए लिखा है–

"खान-पान के सम्बन्ध में भी आज़ाद अपने व्यक्तिगत संस्कारों से एक शाकाहारी ब्राह्मण ही थे। उनका छुआछूत का भूत पण्डित रामप्रसाद बिस्मिल के नेतृत्व में काम करने के समय ही उतर गया था। एच.एस.आर. के नेता के रूप में वह मांस आदि खाने के विरुद्ध तर्क विशेष नहीं करते थे, मगर वह उन्हें अच्छा नहीं लगता था। शिकार वह खूब खेलते थे, मगर स्वयं मांस नहीं खाते थे। राजा साहब खनियाधाना के यहाँ मैं तो शिकार भी करता था और खुल्लमखुल्ला मांस भी खाता था, इस पर वह मुझसे कुछ नाराज भी हुए थे। भगतसिंह उन्हें क्षत्रियों और क्षत्रियों जैसे काम करने वालों के लिए मांस खाने की अभीष्टता, उपयोगिता और नीतिमत्ता पर लेक्चर झाड़कर अकसर चिढ़ाया करते थे। साण्डर्स-वध के समय जब आज़ाद ने मुझे लाहौर बुलाया तो मुझे यह देखकर विस्मय हुआ कि आज़ाद पर भगतसिंह का जादू चल गया और पण्डितजी अब कच्चा अण्डा सीधा मुँह पर तोड़कर ही गटक रहे हैं। मैंने हैरानी से पूछा– "अण्डे में कोई हर्ज नहीं है, वैज्ञानिकों ने उसे फल जैसा ही बताया है।" यह तर्क भगतसिंह का ही था, जिसे आज़ाद दुहरा रहे थे।"

उपर्युक्त वृत्तान्तों से स्पष्ट है कि स्वाभाविक रूप से आज़ाद के विचारों में अपने साथियों के विचारों का प्रभाव पड़ा। पहले वह एक कट्टर ब्राह्मण थे, फिर आर्यसमाज से प्रभावित हुए और अन्त में वह समाजवाद की ओर उन्मुख हुए। उन्होंने पारिवारिक वातावरण से प्राप्त रूढ़ियों से सम्बन्ध विच्छेद कर लिया, जो उनकी निरन्तर प्रगतिशीलता का सूचक है, किन्तु उनकी यह प्रगतिशीलता सर्जनात्मक थी। प्रगतिशील के नाम पर पश्चिम का अन्धानुकरण उन्होंने कभी नहीं किया; सच्चरित्रता एवं संस्कृति के

अन्य उज्ज्वल पक्षों को उन्होंने अपने से कभी भिन्न नहीं होने दिया। उनके जीवन की विभिन्न घटनाएँ इसका स्पष्ट प्रमाण हैं। उनकी यह प्रगतिशील भारतीय संस्कृति के उदात्त मूल्यों को भी अपने साथ लेकर चली थी। इस प्रकार वह सामयिक अपेक्षाओं के अनुरूप कल्याणकारी प्रगतिशीलता के समर्थक थे। उनके जीवन में उदार परम्पराओं तथा देशहित के अनुरूप प्रगतिशीलता का एक अद्‌भुत समन्वय परिलक्षित होता है।

आदर्श नेतृत्व

अपना क्रान्तिकारी जीवन आज़ाद ने श्री शचीन्द्रनाथ सान्याल के नेतृत्व में प्रारम्भ किया था। काकोरी काण्ड के बाद यह क्रान्तिकारी दल छिन्न-भिन्न हो गया था। उन्होंने नए सिरे से क्रान्तिकारी दल का संगठन करने का प्रयत्न किया और संयोग से उन्हें राजगुरु, भगतसिंह आदि जैसे साथी मिले। सबने मिलकर 'हिन्दुस्तान समाजवादी गणतान्त्रिक सेना' बनायी। सभी साथी आज़ाद की योग्यता से प्रभावित थे, अतः उन्हें ही इस नये दल का नेता-कमाण्डर-इन चीफ बनाया गया। दल के नेता के रूप में उनका उत्तरदायित्व और भी बढ़ गया। इस पद की गरिमा को आज़ाद ने बनाए रखा।

सर्वप्रथम दल के नेता को स्वयं को अनुशासित रखना पड़ता है। इसी तथ्य को दृष्टि में रखकर आज़ाद ने अपने आचरण एवं अनुशासन को सदा बनाए रखा, जिसके माध्यम से उन्होंने दल के सदस्यों के लिए एक आदर्श प्रस्तुत किया। वह दल की छोटी-छोटी बातों पर भी बड़ी सावधानी से ध्यान देते, क्योंकि इन छोटी-छोटी बातों की उपेक्षा करने पर आने वाले समय में भयंकर समस्याओं का सामना करना पड़ सकता है। वह दल के नेता थे, अतः दल के सारे पैसों को अपने पास रखते थे, ताकि उसका अपव्यय न हो। वैसे ही दल के पास सदा पैसे की कमी बनी रहती थी। अतः आज़ाद एक-एक पैसे को बहुत सोच-समझकर खर्च करते थे। इस विषय में श्री वीरेन्द्र की निम्नलिखित पंक्तियाँ विशेष उल्लेखनीय हैं–

"अपने खर्चों के विषय में भी आज़ाद बहुत सचेत थे। उनका दृष्टिकोण यह था कि जो भी रुपया मिलता है, वह लोग उन्हें इसलिए देते हैं कि यह क्रान्तिकारी युवक अपना सारा समय देश के लिए लगाते हैं और कोई

काम नहीं कर सकते। इसलिए उनके गुजारे के लिए इधर-उधर से रुपया मिल जाता है। यह किसी प्रकार की फिजूलखर्ची पर नहीं लगाना चाहिए। चूँकि आज़ाद पार्टी के नेता थे अतः रुपया भी वह अपने पास ही रखते थे। स्वयं ही अपने साथियों में बाँटते थे। आज के हालात तो कुछ और हैं। कोई जमाना था, विशेषतः जिन दिनों लाहौर में साण्डर्स की हत्या हुई थी या विधान सभा में बम फेंका गया था, उन दिनों आज़ाद हर साथी को चार आने प्रतिदिन दिया करते थे। किन्तु उनके कुछ साथी ऐसे भी थे, जैसे भगतसिंह, जिन्हें सिनेमा देखने का शौक था। वह आज़ाद से पैसे माँगते तो आज़ाद उन्हें साफ इंकार कर देते। कह देते जो कुछ जनता तुम्हें देती है इसे तुम्हें अपने खून से वापस करना होगा। सिनेमा की अय्याशी एक क्रान्तिकारी के लिए उचित नहीं है।"

एक नेता के लिए इस प्रकार का आदर्श दलीय अनुशासन के लिए आवश्यक भी है। इसीलिए वह सदा अपने मित्र साथियों को सुरा, सुन्दरी एवं धूम्रपान से दूर रहने की सलाह देते थे और स्वयं इन सबसे पूर्णतया दूर रहते थे।

यह सत्य है कि आज़ाद एक निर्धन परिवार में उत्पन्न हुए थे और उन्होंने कोई समुचित शिक्षा भी प्राप्त नहीं की थी, किन्तु उनमें नेतृत्व की एक जन्मजात प्रतिभा थी। उनके इसी गुण के कारण उनके दल में कभी उनके विरुद्ध आवाज नहीं उठाई गई तथा दल आदर्श रूप में निरन्तर कार्य करता रहा। उनके इस कुशल नेतृत्व की प्रशंसा तथा इसके रहस्य पर प्रकाश डालते हुए इस दल के सदस्य रह चुके श्री भगवान दास ने लिखा है–

"आज़ाद के साथियों यानी उनके नेतृत्व में काम करने वालों में शायद ही किसी को उनसे कम स्कूली शिक्षा मिली होगी। शायद ही कोई उनसे अधिक गरीबी की हालत में उत्पन्न हुआ होगा। उनके साथ उनके पिता, भाई या अन्य किसी सम्बन्धी की देशभक्ति, त्याग और तपस्या या अन्य किसी प्रकार के बड़प्पन की छाया भी नहीं लगी हुई थी। अमर शहीद भगतसिंह आदि अपने साथियों में उन्होंने नेता का पद पुस्तकीय ज्ञान पर आधारित थोथे तर्कबल पर ही नहीं, व्यवहारिक सूझ-बूझ, अदम्य साहस और सर्वोपरि अपने साथियों की सुख-सुविधा की हार्दिक स्नेहपूर्ण चिन्ता

रखकर और गाढ़े समय में कुशल नेतृत्व प्रदान करके ही पाया। अपने साथियों और सम्पर्क में आने वालों के जीवन में केवल एक राजनीतिक मूल्य के रूप में ही नहीं, एक व्यक्तिगत भावमूल्य के रूप में घर कर लेने के अपने गुण विशेष में ही आज़ाद की सफलता निहित थी। उनके अकृत्रिम स्नेहपूर्ण व्यक्तिगत व्यवहार ने ही उन्हें साथियों का प्रिय नेता बना दिया और उनके हृदय में अपने लिए ऐसा विश्वास उत्पन्न कर लिया कि वे उनके संकेत मात्र पर प्राण देने के लिए तैयार रहा करते थे। दल में आज़ाद के नेतृत्व को स्वीकार करने के सम्बन्ध में कभी कोई झंझट या झगड़ा नहीं हुआ। यह बात आज़ाद की प्रशंसा की तो है ही साथ ही उन साथियों की सच्चाई, लगन, निरभिमानता को भी यह भली-भाँति व्यक्त करती है, जो विद्या, बुद्धि, त्याग और बलिदान कर सकने की अपनी तत्परता में किसी प्रकार भी कम न थे।"

वस्तुतः आज़ाद के ही कुशल नेतृत्व का यह परिणाम था कि दल के अन्य सभी सदस्य उसने अधिक शिक्षित एवं अपने घरों से अच्छी आर्थिक स्थिति वाले होने पर भी दल में एकता के सूत्र में बँधे हुए थे।

वन में शेर का कोई भी संस्कार या राज्यभिषेक नहीं किया जाता फिर भी वह अपने स्वयं के विक्रम से वन का राजा बन जाता है और मृगेन्द्र कहा जाता है, इसी प्रकार घर-परिवार अथवा किसी प्रकार की पृष्ठभूमि न होने पर आज़ाद अपनी योग्यता के बल पर क्रान्तिकारियों के दल के नेता बने और क्रान्तिकारी आन्दोलन के इतिहास में उन्होंने एक सर्वथा नवीन अध्याय की रचना की।

अदम्य साहसी

वीर श्रेष्ठ चन्द्रशेखर आज़ाद का अदम्य साहस उनके व्यक्तित्व की एक अनन्यतम विशेषता थी। बाल्यकाल से वीरगति को प्राप्त होने तक उनके जीवन में सर्वत्र उनके इसी गुण के दर्शन होते हैं। कोई भी अवसर ऐसा नहीं दिखाई देता। जब उनमें भय का लेशमात्र भी दिखाई देता हो। उनके इस गुण के लक्षण उनमें उनके बाल्यकाल से ही दिखाई देने लगते हैं। बचपन में दीपावली के अवसर पर रोशनी वाली दियासलाई की सभी तीलियों को एक साथ जला देना और हाथ जल जाने पर भी उसकी

बिलकुल भी परवाह न करना उनके भावी अदम्य साहसी जीवन का पूर्व संकेत था।

इसके बाद केवल चौदह-पन्द्रह वर्ष की अवस्था में विदेशी समान की दुकान पर धरना देने वाले सत्याग्रहियों पर पुलिस के अत्याचारों को देखकर उनका खून खौल उठा था। वह अपने पर काबू नहीं रख सके थे तथा उन्होंने वहाँ पर पड़ा पत्थर पुलिस दरोगा के माथे पर दे मारा था। इतनी छोटी अवस्था में ऐसा साहसपूर्ण कार्य, वह भी विदेशी शासन में निश्चय ही बहुत बड़े साहस का कार्य था।

इस अपराध में पकड़े जाने पर अदालत में मजिस्ट्रेट को उन्होंने जिस साहस से अपना नाम आज़ाद, पिता का नाम स्वतन्त्रता तथा घर का नाम कारागार बताया, वह प्रशंसनीय तो है ही, इसके साथ ही एक किशोर से इस प्रकार के सागर्भित उत्तरों की समान्यतया कहाँ अपेक्षा की जा सकती है! मजिस्ट्रेट द्वारा पन्द्रह बेंतों की सजा सुनाने से बेंत लगने तक कहीं भी उन्होंने भय का प्रदर्शन नहीं किया और सजा के बाद मिलने वाले पैसों को जेलर के मुँह पर दे मारा।

उनके पूरे क्रान्तिकारी जीवन में पुलिस सदा उनके पीछे पड़ी रही, किन्तु उन्होंने सदा साहस का परिचय दिया। उनके जीवन की विभिन्न घटनाओं का वर्णन पिछले अध्यायों में किया जा चुका है। हम देखते हैं कि एक बार जब वह अपनी माँ से मिलने गए थे, तो तभी उन्हें सूचना मिली कि पुलिस उनके पीछे पड़ी है। इस पर वह पुलिस से सीधी टक्कर लेने के लिए तैयार हो गए थे, किन्तु भगतसिंह ने उन्हें रोक लिया था। दूसरी बार भी जब वह माँ से मिलने गए थे और सोए हुए थे, तो पुलिस पहुँच गई थी। इस बार पुलिस का सामना गोलियों से किया गया। गोलियां समाप्त हो जाने पर वह अपने मित्र के साथ छत पर चले गए और छत पर रखी ईंटों से पुलिस की गोलियों का सामना करने लगे। उनका साथी मारा गया, किन्तु आज़ाद स्वयं एक छत से दूसरी छत पर कूदते हुए पुलिस के चक्रव्यूह से बाहर निकल गए।

काकोरी काण्ड के बाद उनके विरुद्ध प्रमाण जुटाने के लिए एक पुलिस अधिकारी विशेष रूप से लगाया गया था। वह सदा उनका पीछा किया करता था। आज़ाद उससे तंग आ गए। तब एक दिन वह किसी

बात की परवाह किए बिना सीधे उसके पास जा धमके और उसके सीने से रिवाल्वर सटा दिया। उनके इस साहस को देखकर पुलिस अधिकारी के हाथों के तोते उड़ गए, उसने फिर उनका पीछा न करने की कसमें लीं और तब आज़ाद ने उसे छोड़ दिया।

कई बार वह वेश बदलकर पुलिस एवं गुप्तचरों के जाल से निकले। भगतसिंह की गिरफ्तारी के बाद उन्हें जेल से छुड़ाने की योजना भी उन्होंने बनाई थी, जो दुर्भाग्य से सफल न हो सकी और 1929 में वाइसराय की गाड़ी को बम से उड़ाने का प्रयत्न किया था, जो सफल न हो सका।

इस प्रकार आज़ाद का समग्र जीवन ही साहसिक कार्यों से भरा हुआ था और अन्त में साहस के साथ पुलिस का सामना करते हुए वीरगति को प्राप्त हुए। उनमें साहस की भावना कूट-कूटकर भरी हुई थी। वस्तुतः वह जन्मजात आज़ाद थे, मृत्यु का भय तो उन्हें छू भी नहीं गया था। वह सदा मृत्यु का सामना करने को तत्पर रहते थे। उनका कहना था कि वह शत्रु की गोलियों का सामना करने को तैयार रहते थे, वह आज़ाद थे, आज़ादी ना रहने पर विकल्प में मृत्यु ही उन्हें अभीष्ट थी। उनके इस अदम्य साहस की ओर संकेत करते हुए मन्मथनाथ गुप्त लिखते हैं–

"जो गत दस वर्षों से साम्राज्यवाद अथक युद्ध, अजीब-अजीब परिस्थितियों में भी, कहना चाहिए बिलकुल प्रतिकूल परिस्थितियों में– करते आ रहे थे। गत आठ सालों से उन्होंने क्रान्ति का मार्ग अपना रखा था और खूब अपना रखा था। किसी विपत्ति के सामने यह रणबाँकुरा पीछे नहीं हटा था; यह तो उसके स्वभाव के विरुद्ध था, न उसने कभी जी चुराया था। विपत्ति उनके लिए ऐसी थी, जैसे हंस के लिए पानी। गत साढ़े छः सालों यानी 26 सितम्बर, 1925 से वह फरार थे। गत 17 सितम्बर, 1928 यानी साण्डर्स हत्याकाण्ड के दिन से फाँसी का फन्दा उनके लिए तैयार था, फिर तो न मालूम कितनी फाँसियों और कालेपानियों के वह हकदार हो गए थे।"

आदर्श मित्र

यद्यपि दल का नेता होने के कारण अनुशासन बनाए रखने के लिए

उन्हें दल के सदस्यों के साथ कठोर व्यवहार करना पड़ता था, किन्तु इसका उद्देश्य भी उन्हें लक्ष्य में भटकाने से बचाना ही था। वस्तुतः वही सच्चा मित्र है जो अपने मित्र को बुराई से बचाए। इस कठोरता के पीछे भी अपने सहयोगियों के प्रति स्नेहपूर्ण चिन्ता ही कारणरूप थी, अन्यथा वह साथियों की सुख-सुविधा के लिए सदा सचेष्ट रहते थे। इसीलिए दल के सदस्य उन्हें अपना नेता ही नहीं अभिभावक के रूप में देखते थे। इस विषय में भगवानदास ने लिखा है–

"अमर शहीद भगतसिंह आदि में उन्होंने नेता का पद पुस्तकीय ज्ञान पर आधारित थोथे तर्कबल पर ही नहीं, व्यवहारिक सूझ-बूझ, अदम्य साहस और सर्वोपरि अपने साथियों की सुख-सुविधा की हार्दिक स्नेहपूर्ण चिन्ता और गाढ़े समय में कुशल नेतृत्व प्रदान करके ही पाया था।"

असेम्बली बम-काण्ड की योजना बन गई थी। भगतसिंह और बटुकेश्वर दत्त द्वारा बम विस्फोट किया जाना निश्चित हो चुका था। आज़ाद को किसी कार्य से झाँसी जाना था। वह रेलवे स्टेशन की ओर जा रहे थे। साथ में दल के एक अन्य सदस्य श्री शिव वर्मा उन्हें स्टेशन तक छोड़ने जा रहे थे। तब उन्होंने शिव वर्मा से कहा था–

"प्रभात! अब कुछ ही दिनों में ये दोनों (भगतसिंह तथा बटुकेश्वर दत्त) देश की सम्पत्ति हो जाएँगे। तब हमारे पास उनकी याद ही रह जाएगी। तब तक के लिए मेहमान समझकर इनकी आराम-तकलीफ का ध्यान रखना।"

इन मर्मस्पर्शी शब्दों में आज़ाद का एक नया रूप– एक भावुक मित्र का रूप– हमारे सामने आता है। वास्तव में दुनियादारी का निर्वाह करने के लिए महान आत्माएँ चाहे बाहर से वज्र के समान कठोर क्यों न लगें, किन्तु उनका हृदय फूल से भी कोमल होता है। यही उक्ति हमारे चरित्रनायक चन्द्रशेखर आज़ाद पर भी चरितार्थ होती है।

उनके मित्र-प्रेम की एक ऐसी ही घटना का उल्लेख श्री वीरेन्द्र ने की है। यह घटना असेम्बली में बम विस्फोट के एक-दो दिन बाद की है। इसके बाद समाचारपत्रों में भगतसिंह का चित्र छपा था, जिसे देखकर आज़ाद का मित्र-प्रेम आँखों से बह निकला था। श्री वीरेन्द्र के ही शब्दों में–

"भगतसिंह के लिए आज़ाद के मन में कितना प्रेम था, इसका अनुमान एक और घटना से लगाया जा सकता है। जिस दिन भगतसिंह ने असेम्बली में बम फेंका था आज़ाद उस दिन आगरा में थे। जब उन्होंने समाचारपत्रों में भगतसिंह का चित्र देखा तो उसे सामने रखकर देर तक उसकी ओर देखते रहे और फिर उनकी आँखों से आंसुओं की धारा बहने लगी। यह पहला अवसर था जब किसी ने उनकी आँखों में आँसू देखे। परन्तु आज़ाद अनुभव करते थे कि भगतसिंह ने भारी बलिदान किया है। अब वह वापस नहीं आएगा और आज़ाद की और उसकी मुलाकात सम्भवतः इस जीवन में न हो सके। इस विचार ने उन्हें कुछ परेशान कर दिया और वह व्यक्ति जिसके सम्बन्ध में यह समझा जाता था कि उसका दिल पत्थर का है, अन्ततः पिघल गया। परन्तु यह कोई दुर्बलता नहीं थी। अपने एक प्रिय साथी के प्रति प्रेम था।"

27 फरवरी, 1931 को वीरतापूर्वक पुलिस से लड़ते हुए वीरगति पाते-पाते भी उन्होंने अपने अद्वितीय मित्रधर्म का परिचय दिया था। परिस्थिति की गम्भीरता को देखते हुए उन्होंने अपने मित्र सुखदेवराज के मना करने पर भी उन्हें बलपूर्वक वहाँ से भगाकर उनके प्राणों की रक्षा की और स्वयं शहीद हो गए। इस सम्बन्ध में स्वयं श्री सुखदेवराज ने लिखा है–

"इस पर गोरा और उसका साथी एक वृक्ष के पीछे जा छिपे। आज़ाद भी एक वृक्ष की ओट में हो गए। दोनों ओर से गोलियाँ चलने लगीं। इतने में आज़ाद ने मुझे आदेश दिया कि मैं वहाँ से चला जाऊँ। वह स्वयं लड़ते-लड़ते वहाँ शहीद हो गए। किन्तु उन्होंने अपने एक साथी की जान बचा ली।"

स्वयं मिटकर भी मित्र की प्राणरक्षा करने का यह उदाहरण निश्चय ही अपने-आपमें एक आदर्श है, जिसकी सामान्य व्यक्तियों से आशा करना केवल कल्पना ही होगी।

पण्डित रामप्रसाद बिस्मिल तथा भगतसिंह को जेलों से मुक्त कराने के प्रयास भी उनके मित्र-प्रेम के ही परिचायक हैं। इस प्रकार चन्द्रशेखर आज़ाद जहाँ एक ओर अद्वितीय क्रान्तिकारी, अदम्य साहसी, श्रेष्ठ

नेतृत्व-शक्ति से युक्त, चरित्रबल के प्रतीक तथा प्रगतिशील विचारों वाले राजनीतिक चिन्तक हैं, वहीं दूसरी ओर वह एक आदर्श मित्र के रूप में हमारे सामने आते हैं।

देश-प्रेम के पर्याय

चन्द्रशेखर आज़ाद का अशेष जीवन-चरित्र देश-प्रेम की भावना से ओतप्रोत है। सम्भवतः इस भावना का बीजारोपण उनके हृदय में तभी हो गया था, जब वह संस्कृत के अध्ययन के लिए भाभरा से बनारस पहुँचे थे। यह काल भारतीय राजनीति के उथल-पुथल का काल था। साइमन कमीशन का बहिष्कार, जलियाँवाला बाग काण्ड आदि घटनाएँ इन्हीं वर्षों में घटित हुई थी, फिर इन घटनाओं ने आज़ाद के हृदय में स्थित इस देश-प्रेम के बीज को अंकुरित करने का काम किया। उनकी इस देश-प्रेम की भावना का प्रथम परिचय उस समय मिला, जब 1921 में सत्याग्रही विदेशी सामान की दुकान पर धरना दे रहे थे और पुलिस वाले उन पर डण्डे बरसा रहे थे। यह अत्याचार आज़ाद से सहन नहीं हुआ तथा उन्होंने दारोगा के सिर पर पत्थर दे मारा।

इसके बाद आज़ाद पूर्णतया देश-प्रेम के रंग में रंग गए; देश की सेवा के लिए उन्होंने अपना घर, अध्ययन सब कुछ छोड़ दिया। देश-प्रेम के इन नशे ने उनका परिचय क्रान्तिकारियों से कराया तथा 1921 में असहयोग आन्दोलन की समाप्ति पर वह क्रान्तिकारी संगठन 'हिन्दुस्तान रिपब्लिकन एसोसिएशन' के सदस्य बन गए। यहीं से उनके हृदय में अंकुरित देश-प्रेम के नन्हें पौधे को पल्लवित होकर विशाल वृक्ष बनने का अवसर प्राप्त हुआ।

अब उनके सामने एक ही लक्ष्य था, देश को विदेशियों के बन्धन से मुक्त कराना। उन्होंने जो भी कार्य किया– चाहे वह डकैती हो ठगी हो, हिंसा हो या क्रान्तिकारी दलों का संगठन हो– सब कुछ अपने इसी लक्ष्य को ध्यान में रखकर किया। इस लक्ष्य को प्राप्त करने के लिए उन्होंने जीवन के सभी सुखों को तिलांजली दे दी और दुःखों का आलिंगन किया। अपने इस लक्ष्य को प्राप्त करने के मार्ग में वह संसार के अन्य सुखों को बाधक समझते थे। इसीलिए वह अपने अन्य साथियों को भी इनसे दूर रहने का

परामर्श देते थे। उनका स्पष्ट उद्घोष था–

"देश से प्रेम करना है, तो इसके लिए सब कुछ बलिदान करना पड़ेगा। इसमें किसी दूसरे से प्रेम करने के लिए तनिक भी स्थान नहीं है।"

" देश-प्रेम के लिए सर्वस्व बलिदान करने का यह उद्घोष उनके जीवन का सैद्धान्तिक पहलू मात्र नहीं था अपितु, उनके जीवन का क्रियात्मक व्यवहार था। उदाहणस्वरूप उनके जीवन की एक घटना को लिया जा सकता है। श्री गणेशशंकर विद्यार्थीजी ने उन्हें दो सौ रुपये दिए थे, ताकि वह इस पैसे को अपने माता-पिता के लिए भिजवा दें, क्योंकि उनकी हालत इतनी दयनीय हो गई थी कि भूखों मर रहे थे। किन्तु आज़ाद ने वह रुपया दल के सदस्यों पर खर्च कर दिया। " क्या वह पैसा तुमने अपने घर भिजवा दिया?" विद्यार्थीजी द्वारा पूछे जाने पर आज़ाद ने उत्तर दिया–

"मेरे माता-पिता को तो फिर भी कभी-न-कभी कुछ खाने को मिल जाता है, किन्तु मेरी पार्टी के कई ऐसे युवक हैं, जिन्हें कई बार बिलकुल ही भूखे रहना पड़ता है। मेरे माता-पिता वृद्ध हैं। मर भी गए तो देश को कोई हानि नहीं होगी किन्तु मेरी पार्टी का कोई युवक भूख से तड़पकर मर जाए तो यह हमारे लिए बहुत शर्म की बात होगी और देश को इससे बहुत हानि होगी।"

अपने देश के लिए इस प्रकार का अलौकिक एवं अद्वितीय बलिदान कर देने की भावना-इससे बढ़कर देश-प्रेम की परिचायक कौन-सी वस्तु हो सकती है। अपने इन शब्दों को उन्होंने अन्ततः अपना सर्वस्व, अपने प्राणों को भी बलिदान करके सिद्ध किया, वास्तव में चन्द्रशेखर आज़ाद देश-प्रेम के पर्याय बन गए हैं।

■ ■ ■